宇宙で大人気！のきみへ

宇宙人シャーが教えてくれた
悩みや不安を解決する

未来型「宇宙アドバイス」

ようこ@魔王
【雪下魁里 Kairi Yukishita】

廣済堂出版

ようこ、シャーと出会う

仕事の帰り、いつもと同じように、
駅から家までの真っ暗な帰り道を
歩いていたときのこと。

後ろからマゼンタ色の光が、

ブワーッと近づいてきて……。

バンッ!!

「えっ？　今、
なんか、体に入った？」

何かわからないものが、私の体のなかに飛び込んできた感覚がありました。

そして間もなく、

「シャビング、シャビング　トゥルルルル♪

シャビング、シャビング　トゥルルルルル♪」


と、どこからともなくかわいい声が聞こえてきました。

まるで、妖精が自分の周りをくるくる回っているような感じです。

小さい頃から人には見えないものが見えていた私は、そのときも何かかわいい存在でもいるのかな～、というくらいにしか思わず、いつもの日常に戻っていきました。

それから、6年後。

私は無一文でした。

当時の私は、パーソナルトレーナー、ボディービルダー、空手の指導員をしていて、バリバリの体育会系。まさに体ひとつで生きていました。

ところが、住み込みで働いていた空手道場を追い出される羽目になり、住む場所もなくなり、日々をしのぐお金もなく、どん底に陥ってしまったのです。

そんなとき、またあの声が聞こえてきました。


「シャビング、シャビング　トゥルルルル♪

シャビング、シャビング　トゥルルルル♪」


その声は笑っているようでもあり、歌っているようでもあります。

いかにも楽しげな声ではあるけれど、精神的に追いつめられていた私は、

「とうとう気が狂ったんだ！」

と、本気で思ったのでした。

その後、私の行く末を案じた知人や友人たちがカンパしてくれたお金で、カナダに行くことになりました。宇宙チャネリングをしているカナダのヒーラーさんのところで、本格的に勉強することになったのです。

それまでの私は、人の病気が見えたり、人の心の声が聞こえたりしていました。また陰陽学の勉強をしていたということもあり、自分の能力を使って宇宙の流れを読み解く「未来分析」に、本格的に取り組んでみようと思ったのでした。

カナダに着くと、私は早速、そのヒーラーさんに、マゼンタ色の光が体に入ったことや、「シャビング、シャビング　トゥルルルル♪」という声が聞こえるという話をしてみました。すると、彼女は笑って言いました。

「それ、ヒューマノイド(※)じゃない？　そのうちわかるわよ〜」

＊注　人によく似た宇宙人。

「ヒューマノイド!?」

聞いたことはあっても、そんな得体の知れないものと関わり合うなんて、想像もできません！　彼女は面白そうに話していましたが、私は「そのうち」がいつくるのか、気が気ではありませんでした。

でも、そのときは、すぐにやってきました。

1週間、みっちり勉強をして、カナダから日本に帰る飛行機のなかでのこと。

突然その声は、聞こえてきました。

「シャ〜〜ビ〜ング〜！　シャ〜〜ビ〜ング〜！」

でも、このときに聞こえたのは、はじめて聞いたときのような、かわいい声ではありません。野太くて、まるでおっさんのような声です。

おっさんが何度も「シャ～～ビング～！　シャ～～ビング～！」と言っています。

え～!!　かわいい存在だったんじゃないの!?　おっさん!?

私が混乱していると、その存在は言いました。


「男女の区別がない存在だから、マンやウーマンじゃなくて、ビーイング」


私は冷静さを取り戻し、聞きました。

「えっと……、ということは、あなたはシャーという名前で、男性でも女性でもないビーイング（存在）ってこと……!?　でも、今までかわいい声だったのに、なんで今はおっさん声なの？」

「だって、かわいい声で言っても、きみは全然、取り合ってくれなかったじゃないか～。だから今回は、偉そうな声できたのさ！」

突然現れたシャーの存在を、自分のなかで確かなものにするまでには、たくさんの時間と経験が必要でした。

でも、今では、シャーはすっかり私の相棒です。

自己紹介が遅れましたが、私はようこ@魔王（雪下魁里《かいり》）。これは本業の占い師としての名前で、本名は大沢ようこ。

シャーは私のことを「ようこ」または「家主」と呼びます。シャーは、地球で活動するときは私のなかに入るので、シャーにとっては、私に家を借りている感じなのでしょう。

シャーは、とにかく楽しいことが大好き！　だから私を笑わせたり、または驚かせたりして、一緒に大笑いして過ごしています。

たとえば、とある神社に行ったときのこと。

シャーが「ようこ～、I'm dancing, I'm dancing!」と言って、私をある場所へ連れていきました。そこは神主さんが御神楽《おかぐら》を踊る場所。そこでなぜか私はシャーと一緒に踊ることになり、恥ずかしいやら楽しいやら。

あるときは、散歩中に「ぼくは、男でも女でもない」ってシャーが言うので、「じゃあ、オカマか！」と私がツッコむと、曲がり角から現れたオカマさんと出会いがしらにぶつかって、気まずい思いをしたり。

またあるときは、ペットのうさぎの歯がのびてきたので、そろそろ切らなきゃと思っていると、シャーが「ようこもだよ」とひと言。

「私⁉　歯なんて悪くないし～」と言って、なめていた飴《あめ》を噛んだら、ゴリッという音がして、自分の歯が欠けたり。

シャーといると、生きることって、まさにエンターテインメントのようです。

それまでは、占い師として宇宙の流れを読み取り、伝えることが私の使命だと思っていたけれど、目の前のことを喜び、楽しんでいるシャーといると、私も人生をもっと遊んで、もっと楽しもうと思わせてくれます。

イヤなことがあっても、「これも面白い体験だ！」と思えるようになったし、お金がなくても、それでも豊かだと思えるようになりました。

シャーからたくさんの「宇宙アドバイス」をもらうようになって、私のガチガチだった狭い思考はパーッとほどけ、とてもラクに、そして自由に、どんなことでも楽しめるようになっていきました。

シャーが教えてくれた数々の「宇宙アドバイス」で私が面白い毎日を過ごし、幸せになったように、みんなにもぜひ「宇宙アドバイス」を知ってもらいたい！

私たちは宇宙の子であるけれど、せっかく地球の子として命をもらっているのだから、もっと人生を楽しく、力いっぱいにやりたいことをやり尽くして生きたほうが、絶対に楽しいはず。

さあ、ここからは、シャーにバトンタッチ！

シャー、よろしくね〜。

シャーが地球にやってきた

惑星ゼロからやってきたシャーだよ！

はじめまして！　ぼくはシャー。惑星ゼロからやってきたよ。

惑星ゼロって星を知っているかい？　そこは光と波動だけの星。次元変換装置を使って、ほかの惑星で乗り換えないと行けないような、すごく遠いところにあるんだ。

光と波動だけの星って、みんな想像がつかないだろう？　目に見えるもの、手に触れるものしか実体を持たない星の住人、つまり、きみたち地球人が惑星ゼロを見ても、な〜んにも見えない。そして、ぼくも「意識体」だから、地球人はぼくを見ることはできない。

でも、みんな宇宙人って聞くと、こんなのや、こんなのを想像するだろう？

全然、違うよ〜!!　って言いたいけど、ぼくには実体がないから、ぼくだって知らない。

でも、好き勝手に想像されても困るので、ぼくが持っている機能を伝えて描いてもらったよ。

きみたちが想像する宇宙人とはちょっと違うかもしれないけど、よろしくね！

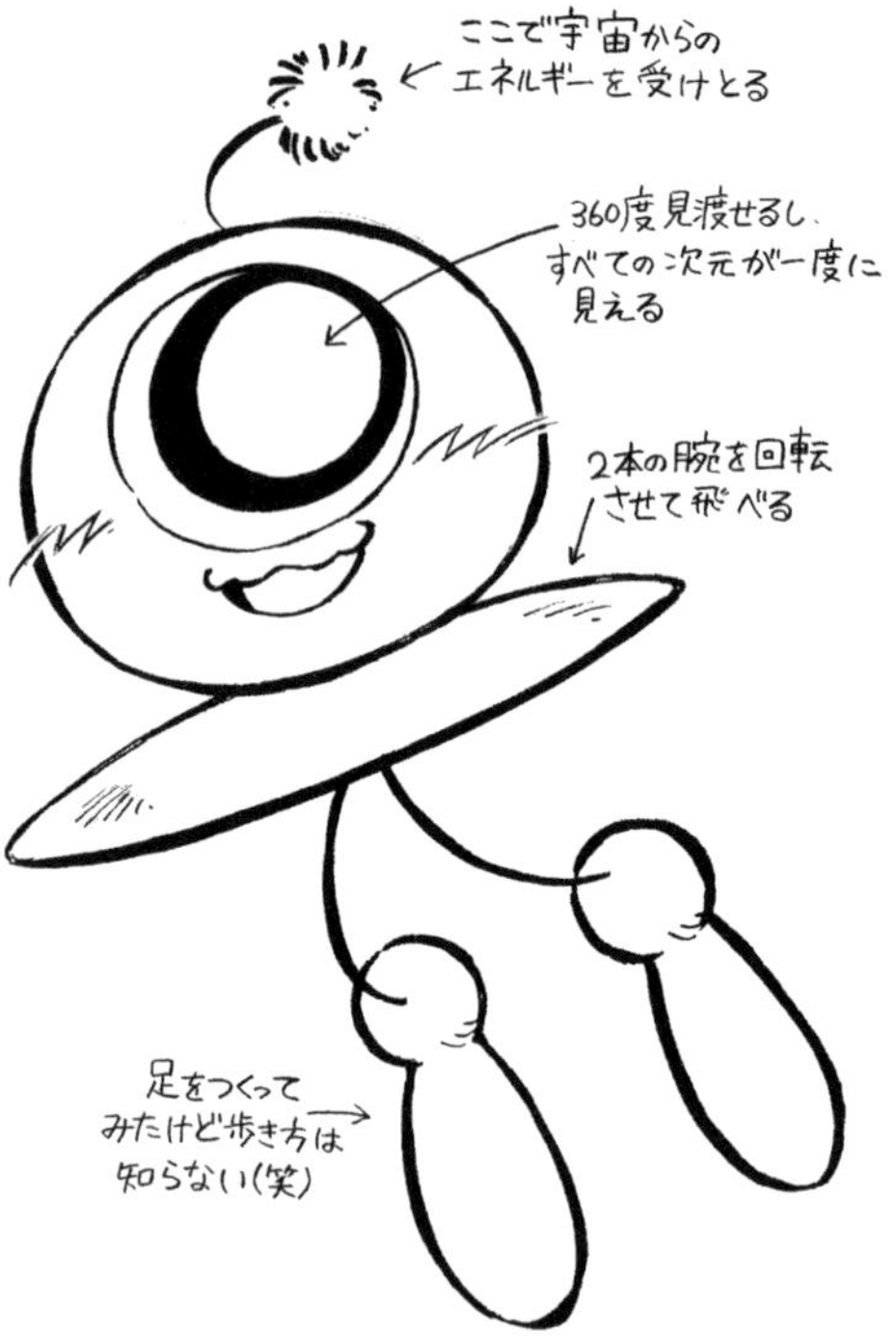
ここで宇宙からの
エネルギーを受けとる
360度見渡せるし、
すべての次元が一度に
見える
2本の腕を回転
させて飛べる
足をつくって
みたけど歩き方は
知らない(笑)

【名前】Sha-being(シャービング／通称シャー)
【性別】男でも女でもない。でも「ぼく」って響きが気に入っているので、自分のことをそう呼んでいる
【憧れの人】ドラえもん
【好きな食べ物】抹茶、ケチャップ、オニオンリング、エビフライの尻尾、ホットドッグ、コカコーラ
【嫌いな食べ物】納豆、キムチ、ニンニク
【好きな芸能人】まっちゃん(松本人志)、タカアンドトシ
【最近一番面白かったこと】緑色の液体をぐるぐるしたら地球になったこと(ようこ注:抹茶ラテをかき混ぜたら地球のような色合いになったという意味)
【話し相手】おそうじのルンバ君、ペッパー君、キヨちゃんとサンちゃん(ようこが飼っているうさぎ)

地球にきてビックリしたことは、「時間」と「肉体」

地球にきてビックリしたことはたくさんあるけど、まず「時間」ってものが存在すること。
宇宙には時間なんてない。
時間がないって、どういう状態かと言うと、きみたちが言う「過去」や「未来」に行きたいと思えば、パッと瞬間移動できるってこと。ぼくの大好きなドラえもんの「どこでもドア」を、みんな持っているってイメージ。

思うだけで、現実になる。だからつねに「今」しかないんだ。

「昔はよかったな～」ってサラリーマンが言っているのを聞いたことあるけど、そう思った瞬間に、その昔が現実になるっていうこと。

そしてもうひとつ、衝撃的な驚きは、人間は「個」だっていうこと。

「ワンネス」って言葉、聞いたことがあるかな？
ワンネスとは、あなたが私で、私があなた。「みんなひとつ」っていう意味なんだけど、
宇宙ではワンネスは当たり前。

惑星ゼロの住人たちも、みんながひとつの意識でつながっているんだ。

でも、地球人のきみたちは、「私」と「あなた」は違うだろう？「あなたの考えていることがわからない！」なんて恋人に叫んでいるシーンがドラマにもあるじゃないか。最初、それを見たとき、「え～！　なんでわからないの～⁉」ってビックリしたよ！

「頑固」って言葉もあるよね。「わしゃ、死んでも結婚を認めん！」とか言う頑固おやじを見たりすると、「すっげ～！」って思っちゃう。

だって、本当はみんなひとつなのに、そんなにしてまで「自分」を貫けるって、ぼくからすると、超～新鮮なことだから。

これは、それぞれが肉体を持って「個」になったからこそ味わえること。

私とあなたの違いを知ることができる！　それは体がないぼくにしてみると、体、最高～って感じ。

重くて動きにくいけど、体、かっちょいい～!!　ときどきどこか痛くなったり、気持ちよくなったりする体、超～不思議～!!　って思っているんだよ。

日本にやってきたワケ

ぼくが地球にくるために最初にしたことは、「体探し」。誰の体を借りるかってこと。実体がないぼくは、物質化しなければ、地球を経験できないからね。

宇宙には、星の数ほど惑星があるけど、じつは地球ほど物質化した星はないんだよ。

宇宙人にしてみると、「見えるって何？」「触れるって何!?」「違いって何！！？？」って、わからないことだらけ！

だから宇宙人たちは地球に興味津々～。そして、それがどういうことなのか、経験したくてたまらないんだ。

ぼくも、地球に興味を持った一人。それで、アメリカやヨーロッパなどでも過ごしてみたけど、いちばん大好きな国は、なんと言っても日本！

だって、肉体を持っている地球人でありながら、ワンネスの感覚を知っているからね。

それって、地球上でもすごくレア、奇跡的なことなんだよ。

「えっ！　私、ワンネスの感覚を知っているの？？？」

ってビックリした？

日本人は自覚していないだけで、そもそも宇宙感覚を持っているスピリチュアル・エリートなんだ。

それなのに、なんだかしょぼくれて悩んでいたり、イライラしている人ばっかりで、自分がすっごいところを全然わかっていない！

ぼくはそのことを知ってほしい！

言いたくてたまらない！

それが、地球にきた理由のひとつでもあるんだ。

ぼくは、日本で今の「家主」のようこに出会った。ようこはとにかくドジでマイペース。でもそのおかげで、愉快で快適な共同生活をしているよ。

そんなようことの経験も含めて、地球って星がどれだけ貴重で面白い星なのか、それなのに、なんで悩んだりしょぼくれたりしちゃうのか、さらには日本人が新時代を生きるカギを握っているっていうことを、この本で伝えようと思う。

じつは今、地球は大きな転換期にいる。２０１９年5月1日から、平成から令和になったけど、このことも、地球の転換という進化に、少なからず関係しているんだ。

少し先の未来、今までの価値観や解決法では通じなくなる時代がやってくる。

そのとき、どう生きれば楽しく幸せを感じられるのか、そのためには、どんな意識の転換が必要なのかも、「宇宙アドバイス」として伝えたいと思っている。

今まで、どんな本を読んでも、誰の話を聞いても、モヤモヤや迷いが晴れなかった人も、「宇宙アドバイス」で、スッキリできるかもしれないよ。

この本が、そんなヒントになってくれたら、嬉しいな。

さあ、準備はいいかい!?

Let's have fun!

宇宙で大人気！ のきみへ ◆◇◆◇◆ もくじ

〜ようこ、シャーと出会う〜……001

〜シャーが地球にやってきた〜……011

惑星ゼロからやってきたシャーだよ！

地球にきてビックリしたことは、「時間」と「肉体」

日本にやってきたワケ

1 【宇宙編】 宇宙って、どういうところ？

地球を楽しむためには、肉体（家主）が必要……024

宇宙をバージョンアップさせていく「ワンネス会議」……028

宇宙には、目に見える星と、目に見えない星が存在している……032

神様って超つまらない！……036

アマテラスも、オオクニヌシも、瀬《せ》織《おり》津《つ》姫も、じつはひとつ。……040
地球の磁場は、そこに住む人に大きな影響を与えている……044
地球と宇宙は、恋人関係でもあり、親子関係でもあり……048
宇宙人は地球人に興味津々！　だからときどきＵＦＯに乗せちゃうよ……054

2 【地球編】 人間って面白い！

人間は、「地球製スマホ」のようなもの……060
感情をたくさん出した人ほど、早く成長して強くもなれる……064
「自分を好きになれない」って、笑っちゃうよ！……068
トラウマを消すなんてもってのほか！　トラウマがなくちゃ生きていけないよ……072
執着もエゴも、考えようによっては大歓迎!!……076
自分の欲が、夢や希望なのか、執着なのか。見分ける方法……080
願いを叶えるのは神様じゃない、自分だよ！……084

「引き寄せ」は「未来予知」のこと……088
「シンデレラ」は、地球で生きるお手本だよ！……092
未来は強いエネルギーを持っているほうに、引っ張られる……096
言霊《ことだま》にエネルギーがあるワケ……100
人間と科学は、愛に向かって進化している……104
6歳までに親に何でも言えた子どもは、使命をまっとうできる……110
どんどん進化する子どもたち。これは地球の新陳代謝！……114

3

【宇宙アドバイス編】人間関係・恋愛・お金・健康…新時代の解決法

たとえ将来別れる人でも、目の前にいる人が、今のあなたに必要な人……120
嫌いな人やピンチにあったら、ラッキーチャンス！……126
自分と相手を知る最大のチャンスが、恋愛だよ……130
精神的なつながり？　肉体的なつながり？　そこんとこハッキリしよう！……134

これからは個性の時代。自分を発酵させて、熟成させよう！……138
ものわかりが悪い「古いOS人間」と、新時代を生きる「新しいOS人間」……144
肉体を持っているから、愛が伝わらない！　愛をたくさん受け取る方法……148
「人の気持ちになって考えなさい」はナンセンス！……154
自然現象の変化をキャッチして。それだけで体調は整えられる……158
死とは、体を宇宙にお返しすること……162
年収2000万円のレベルで生活してみると、自分の価値が見えてくる！……166
自分の「可能性」を担保にして、未来をつくる……170
1万人以上の人に影響を及ぼすことには、神様が降りているよ！……174

4 【日本編】 宇宙に大人気！　ワンネスの国

日本人は遊び心と鋭い感性を持っているから、マンガ大国になったんだ！……180
実物を見なくても、真実を見抜く力を持っている……184

日本はそもそも「子どもの国」。ワンネスを実践する「アース型」の子育て……188
日本人の好奇心が低いのは、結果がわかっていることに手を出さないから……192
欠点に上手に向き合って、面白がって完璧を目指す！……196
日本人は落ちるところまで落ちて浮き上がってくる珍しい人種だよ……200
「令和」と共に、新しい時代、新しい価値観のスタートだ！……204
ワンネスが、世界のスタンダードになる……208

おわりに……212

1

【宇宙編】

宇宙って、どういうところ？

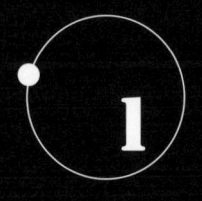

地球を楽しむためには、
肉体（家主）が必要

ぼくは今、こうして、ようこの体を借りているけど、「家主」は地球人なら誰でもいいってわけじゃない。ぼくが体に入るためには、ぼくと同じような波動を持っている人じゃないと難しいんだ。

もう少し言うと、他人に影響されることなく、一人でも、誰とでも自由に楽しく暮らせる心を持った人。

でも、それを満たしている地球人って、正直言ってあんまりいない。

宇宙のルールとして、「肉体がある以上、自分や他人の心や体を傷つけてはいけない」というものがあるんだけど、たくさんの人が自分を責めたり、他人を追いつめたりして心を傷つけているし、ちっとも体のことなんて気にしない行動をしているんだ。

以前、アメリカに住む白人男性に家主になってもらおうとして、しばらく様子をうかがっていたこともあった。でも、なかなか彼のなかに入ることができなかったんだ。

なぜなら、その人には平和や調和の前提として「他人が犠牲になるのは仕方ない」という信念が無意識にあったから。

アメリカって、19世紀に白人によって開拓された国だろう？　西部劇に出てくるように、征服者である彼らは、ピストルを持って馬を乗り回していた。

その影響もあって、武器を持つことは自分を守るために最低限必要なことで、自分が生きるためには、他人の犠牲も仕方ないっていう感覚を、多少なりともそのアメリカ人は持っていたんだ。

そういう感覚を持っている人は、どうしても自分は特別だって意識が芽生える。自分を守るためには、他人を蹴落としてでも「自分はすごい！」ということを承認させることが必要になるからね。

もし、そういう人を家主にすると、その人はぼくを特別扱いしはじめるんだ。ときには神様だとか言いはじめる。

そして、ぼくが言った真実を、あたかも自分の意見のように言ったりするんだ。「俺には神様がついているから、俺の言うとおりにすればいい」ってね。

ぼくは、星ごとにそれぞれの考え方や、よさがあると思っている。地球には地球の考え方があるし、惑星ゼロには惑星ゼロの考え方がある。

だから純粋に、「宇宙はこうだよ」「ぼくの星ではこうだよ」ってことを伝えたいだけなんだけど、ぼくの意見がその人の意見になると、その人のフィルターを通した意見になってしまうから、真実が伝わらなくなってしまうよね。

そうなると、ぼくの言葉もウソになってしまうから、そういう人を家主にすることはできないんだ。

その点、ようこはとてもラクチン～。彼女はぼくを特別扱いしない。「あ、いたの？」って友達のように普通に扱ってくれるところが心地いい。

長年連れ添った夫婦って、お互いに干渉しないだろう？　ようことぼくも、そんな感じ。でも、ようことスムーズにコミュニケーションをとれるようになったのは、ここ最近のこと。

二人羽織って知ってる？　羽織を着た人の後ろにもう一人の人が入って、前の人に物を食べさせたりする遊び。お互いの息が合わないと、上手に相手に食べさせられないよね。それと同じで、ぼくはようこと学習しながら、息を合わせていったんだよ。

宇宙をバージョンアップさせていく「ワンネス会議」

宇宙には「ワンネス会議」っていうのがあるんだ。それはみんなで情報を共有する集まりのこと。

ワンネス会議でいろんな星のスタイルを知って情報をアップデートしていくことで、ぼくたちも宇宙も、バージョンアップしていくんだ。

そのために、ぼくみたいに地球にきている人（人じゃないけど）や、それ以外の星に遊びに行った人（人じゃないけど）が、そこでの情報を惑星ゼロに持ち帰って、ワンネス会議で報告し合うってわけ。

最終的には、宇宙全体がワンネスに向かうために行われている会議なんだよ。

数ある星のなかでも、地球の話はみんな興味津々！

たとえば、ぼくが「テレビを見ていたらね……」って話し出すと「テレビって何？」って聞いてくるし、「うちの家主（ようこ）が鼻をほじっていたんだよ」って言うと、「鼻って何？」って騒ぎ出すし、ちょっと話すだけで、もう質問の嵐！

「鼻って空気口のことだよ。地球人の体には空気を取り入れる穴があるんだ」って言ったら、みんな「おお〜」って感心するんだ。

ぼくらには肉体がないから、体についての話は盛り上がる！

最近は、ようこの体に上手に入ることができるようになってきたから、ようこの体を通して空腹を感じたとき、「おっ、今、地球にいる～！」って実感するんだ。「おいしい」って感覚もわかるようになってきた。

それをワンネス会議で報告すると、当然、質問攻めにあって「おいしい」ってどんなことか、みんなに説明しなくちゃいけない。

でも、日本人の「おいしい」って説明するのが難しい！

と言うのも、食べ物を「おいしい」って味わう感覚は、地球人のなかでも日本人がいちばんすぐれているから、かんたんには説明ができないんだ。

和食は味覚だけでなく、視覚（盛りつけや彩り）、嗅覚（香り）、触覚（口当たり）、聴覚（調理をする音）など、五感をフル回転して、おいしさを感じる料理だよね。

そもそも五感がないぼくが、それを説明するのは至難の業なわけ。

でも、簡単に説明できるものもある。

それは、納豆、キムチ、ニンニク！

ワンネス会議では、「体のなかにいられない衝撃」ってみんなに説明したんだけど、実際、はじめてにおいを嗅いだときは、「ドッヒャ〜！」ってビックリして、ようこのなかから飛び出しちゃったんだから！

でも、宇宙人じゃなくても、海外の人だって、この日本人の感覚はうらやましいって思っているだろうな。

たとえば、蕎麦《そば》粉って、ただ水に溶いただけだったら、ぼくじゃなくてもみんな、「うぇ〜っ」ってなるだろう？　でも蕎麦粉を練って、延ばして、切って、茹《ゆ》でて、めんつゆにつけて食べるなんて、五感をフル回転させたから生まれた料理だよね。

日本人って超アイデアマン！

残念ながら、最近の日本人は五感が鈍っている人が多いみたい。もったいないね。

でも、もともとＤＮＡにあるんだから、それを思い出すだけ。食事を「おいしい」ってちゃんと感じることは、地球で生きる基本だよ。

宇宙には、目に見える星と、目に見えない星が存在している

夜、空を見上げると、たくさんの星が見えるだろう？　そんな夜空を見上げて、「これが宇宙か〜」なんて、まさか思っていないよね？

宇宙っていうのは、目に見えるものと、目に見えないもので成り立っているんだ。

真っ暗にしか見えていない空にも、見えない星は存在している。それは小さいから肉眼で見ることができないって意味じゃないよ。

地球人には、見えないんだ。

なぜって、**地球人は、自分より波動が高いものは見えないから。**

宇宙には、地球のように波動が低くて物質化が進んでいる星もあれば、半物質化している星もあったり、そして惑星ゼロのように光と波動だけの星もある。

半物質化っていうのは、エネルギー体ではあるけれど、個体の記憶を持っている状態。わかりやすい言葉で言うと、人間の幽体離脱のようなもので、肉体から魂が離れて、魂だけが散歩しているような状態のことだよ。

宇宙には、こんなふうに物質化の星、半物質化の星、そして波動だけの星が無数にあって、波動だけの星は、地球人には見えないってわけ。

ちなみに、地球以外の星に住む生き物を、地球人は「宇宙人」って呼んで、まるで地球人と同じ形をしていると思っているよね？

これ、地球人のすごい思い込み！

言っておくけど、思い込んでいる間は、真実は見えない。

たとえ、宇宙人に出会っても、「人型」と思い込んでいる人には、宇宙人は見えない。思い込みがあると、本当の姿を見ることはできないんだ。

いずれにせよ、波動が高いものには、低いものは見えないし、低いものにも、高いものは見えない。たとえ存在していても見えないから、存在していないことと同じってことは、わかったかな。


「宇宙にたくさんロケットを飛ばしているけど、どこかの星にぶつからないの？　操縦する人に星が見えないんだったら、宇宙のどこかで事故っていてもおかしくないよね？」

ようこがそう聞いてきたことがあった。

ぼくは爆笑〜！　どんだけ思い込みが激しいんだ！

「存在しない」ということと同じだから、ぶつかるなんてことはないんだよ。

たとえば、ものすごく波動の低いお化けがきみの隣にいるとする。でもきみが見えないのは、そのお化けときみの波動が合っていないから。

波動が違えば、同じ場所にいても、違う世界が存在しているってことなんだよ。

波動が違うって、住む世界が違うということなんだ。

サーモグラフィーってあるだろう?

人や物の温度が見えるよね。それと同じように、もっと科学が発達すれば、そのうち波動も見えるようになると思うんだ。そうなったら、ぼくのことも見えるかもしれないね。

でも今の段階では、きみたちの目に映るものは、きみたちが感じることができる波動だけにかぎられている。

きみが見ていること、見てきたことが、この世のすべてじゃない。目に見えているものが真実とは言えないんだよ。

神様って超つまらない！

最近、中学生とか高校生とか、よく「神」って言葉を使うよね。

「俺、超～神！　テスト、ノーベンで80点も取ったぜ！」

「あの人、神対応！」

「そんなことまでしてくれるって、マジ神じゃん！」

とかね。

神様が身近になったってこと？

神様がすごいってこと？

神様って、超～つまんないのに!?

みんな、こんなにつまんないものを、すごい存在だと思っているんだ～！

だって、神様って仕事にせっせと行くこともなければ、がんばって何かを手に入れることも、お金で悩むこともない。まるで、どこかの国のお姫様が、「パラグアイに行きたい！」「マッサマンカレーを食べたい」なんて言ったら、それを家来が全部聞き入れて、叶えてくれる状態。自分は何もしなくても、思ったことがそのとおりになるということだよね。

聞けば聞くほど、つまんないって思わない？

「思わないよ！」「うらやましいよ！」って言う人は、全然、自分の命を謳歌《おうか》していないいんじゃない？

人間は、地球から離れると、ワンネスにしかなれないんだ。

ワンネスって、何でもわかっている存在であり、ただ「そこにある」ってだけの存在。

「満たされている存在」とも言えるけど、それは人間から見て「満たされている」ってだけ。

つまり、自分という比べるものがあるから「満たされている」ってわかるけど、ワンネスでいるときは比べるものすらないから、「満たされている」とか「超～ハッピー」なんて思うこともないわけ。

ぼくに言わせれば、ワンネス、つまんね～！

もっと言うと、ワンネスは崇《あが》めるものでも、求めるものでもなく、人間のなかにあるもの。

どんな悪人でもどんな善人でも、平等に心のなかにあるもの。

そしてワンネスの状態のときは、誰でも神様の状態。

だから、神様になりたいなら、自分自身をもっと知ればいいってこと。

どんどん行動して、感情を動かすんだ。それを繰り返すことで体と心はつながり、自分のなかにあるワンネス、つまり神様を取り戻せるはずだよ。

もっともっと命を使って、地球を楽しもうよ！

ぼくにとっていちばん楽しい思い出は、ようこが貧乏だったとき。明日のご飯が食べられるかって困っていたときなんて、スリル満点！

「ようこは明日、いったい何を食べるんだろう？」「今日の命はつなげるのか？」「さて、今日は食べ物が手に入るか？　どうする、ようこ!?」ってね。

命がけで生きてるな～、命を感じてるなってすごく魅力的だったんだよ。

アマテラスもオオクニヌシも、瀬織津《せおりつ》姫も、じつはひとつ。

日本にはいろいろな神様がいるよね。アマテラス、オオクニヌシ、スサノオ、サルタヒコ……なんでいろいろな神様がいるんだと思う？

理由はね、使い分け。

その場所、その時代などに、受け入れられやすい神様のかたちをして現れているだけで、本当はすべて同じひとつの存在なんだよ。

日本人は、昔から大自然のなかにも神様を見出し、自然も含めた宇宙すべてと共にあるっていう、ワンネスの精神があった。だから、神道には偶像崇拝がないよね。

でも、「個」を最優先するような宗教観の人たちは、自分と同じかたちの偶像があったほうが、イメージしやすいってことで、キリストやマリア様のような偶像ができた。そして、「あのお方についていくわ」という感じで、神様を崇めるようになっていったんだ。

どんなかたちであっても、ワンネスの一部が個性となって、神様という存在になって現れているだけ。だから、もとをただすと、みんなひとつなんだよね。

この前、ようこのところに「瀬織津姫の言葉が降りる」っていう人が何人かきたんだ。なんだか最近、瀬織津姫が流行っているみたい。

でもそれにもちゃんと理由がある。

瀬尾律姫って、神道の大祓詞《おおはらえのことば》に登場する女神様で、もろもろの罪や穢《けが》れを祓《はら》い清めるとされる「祓戸四神《はらえどのよんしん》」の一柱。つまり、祓いの神様。

なぜ、祓いの神様が今、求められているかと言うと、地球は新しい時代に移る大きな転換期だから。

古い価値観を脱ぎ捨てて、新しい自分になりたいと思っている人、なりつつある人が多いから、その集合意識が祓いの神である瀬織津姫を引き寄せているってこと。

そんな時代の流れの後押しがあるんだから、古い価値観なんて思いきって捨ててしまえばいいいんだよ。

だけど頭ばっかり使って思考が優先している人は、新しい価値観を取り入れるためには、まず古い価値観を手放さなければいけないって思い込んでしまう。

たとえば、「好きなことだけして生きていこう」なんて言葉、よく聞くよね。

よし、じゃあ、そうやって生きよう！　って思ったとき、理屈ばっかり考えている人は、まず「イヤな仕事も我慢してやらなければいけないっていう思いを手放して……」とか「イヤだと思っている原因は……」なんて、あれこれ考えるんだ。

そんなの面倒くさ〜い！

ぼくからすると、「古い価値観を脱ぎ捨てたい」というのと、「新しい価値観を取り入れたい」っていうのは一緒。

つべこべ言わずに好きなことを追求していたら、イヤな仕事をしなくても、好きなことだけして生きていけるってこと。

新しい価値観を取り入れていくだけで、古い価値観はどんどんそぎ落とされていくんだよ。

価値観の新陳代謝が、うまく機能するんだ。

古い価値観が捨てられないのは、ワンネスが理解できていないから。

そして、ワンネスこそが、愛！

愛がわかれば、新しい時代に素直に身を任せることができるようになるわけ。

そうなったとき、どんな神様がブームになるのか楽しみだね。

地球の磁場は、そこに住む人に大きな影響を与えている

「あの人、すごいオーラがあるよね！」とか「オーラを感じる〜」とか言うよね。オーラって、その人が持っている霊的なエネルギーのことで、いわゆる「雰囲気」をつくっているもの。

オーラと言うと、ひとつのエネルギーが体全体を包んでいるようなイメージかもしれないけど、本当は上下2層に分かれているんだ。

上が、宇宙のエネルギーで、下が大地のエネルギー。その両方を体に取り入れて、その人独自のオーラがつくられているんだよ。

大地のエネルギーに大きな影響を与えるのが磁場。

地球にはS極とN極があって電流が流れているんだけど、人間はその電流を介して大地のエネルギーを吸収するようになっているんだ。

じつはこの磁場は、国民性や文化の形成にも関係している。

日本人とアメリカ人の国民性って違うよね？　日本のなかでも、沖縄と北海道の県民性は異なるだろう？　それは、その土地の磁場の違いなんだ。

たとえば、牛肉で言うと、同じ1頭の牛から、部位によって、ロース、カルビ、ヒレ肉というように、いろいろな種類の肉が取れるよね。それと同様に、同じ地球だけど、日本の磁場、アメリカの磁場、ブラジルの磁場というように、国によって異なっているんだ。

そしてその磁場は、その土地に住む人に影響を与えているんだよ。

日本人は勤勉で、周りの人に歩調を合わせる性質があるとか、アメリカ人は自由で自分のスタイルを貫く人種だとか、ブラジル人はとにかくラテンのノリ～！　とか国によっていろんな印象があるけど、これがまさにそう。

その土地が発している磁場の特徴で、人も同じような気質になりやすいってことなんだ。

そして、その土地で人間が残した足跡、いわゆる土地の記憶も磁場となって、そこに住む人に影響を与えている。

たとえば、約75年前に原爆を投下された広島や長崎に生まれると、戦争を経験していなくても、戦争の痛みが刷り込まれているっていうふうに。

人間はその土地の持っている記憶を、大地からインプットしているんだ。

そしてね、大地のエネルギーを吸収して生きていられるのは、宇宙のエネルギーのおかげなんだ。

宇宙からのエネルギーをもらわないと、人間としてスイッチが入らないようになっているわけ。

いわゆる充電ね。

宇宙のエネルギーには、体と魂が同化して、スムーズに生きるために必要な情報が入っているんだ。

きみたちは、自分の人生を自分で選んだと思っているだろう？　でも実際は宇宙のエネルギーと大地のエネルギーによって、だいたいが決まっているわけ。それを「アカシックレコード」と言うんだよ。

地球と宇宙は、恋人関係でもあり、親子関係でもあり

地球って、台風とか大雨とか地震とか噴火とか、ビックリするくらい天災が多い！　最初に地震を経験したとき、ぼくは「家のなかが遊園地みたいだ〜！」って大喜びだったんだけど、ようこがあまりにもビビるから、「これはビビることなのか！」ってぼくも慌てちゃったよ。

命を亡くしてしまうこともあるから、天災に人間が恐怖を感じるのは当然だよね。

でも、宇宙的に見れば、それは地球という生命体のデトックスで、いい方向に向かうためのプロセスでもあるんだ。

たとえば、便秘している人を想像してみて。

便秘をそのまま放っておくと、おなかが張ってきたり、頭痛がしてきたり、吹き出物ができたり、血行が悪くなったりして、全身の循環がどんどん悪くなるだろう？

地球もそれと同じで、噴火をしないように、地震を起こさないようにと溜め込んでいると、大災害になってしまう。だから、できるだけ小出しに、リズミカルにデトックスしていると言えるんだ。

つまり、地球の健康のためにも大切なこと。

でも、大寒波とか、観測史上初の熱波とか、予測ができないくらいの異常気象が増えてきたよね。だから、「宇宙の力で地球の天変地異を、なんとかできないの？」なんて言われそうだけど、答えを先に言うと「Ｎｏ」。

宇宙は何でもできそうだけど、これはできない。

なぜって？

地球は、宇宙の恋人だから。

男女の区別で言えば、地球は女性で、宇宙は男性の性質を持っている。

そして、地球は宇宙のなかでもまだ生まれたての新しい星。つまり、まだまだつき合いははじめたばかりの初々しい関係なわけ。

人間の恋人同士を想像してみて。

彼女ができたばかりの頃は、相手が何を考えているのか、機嫌がいいのか悪いのかがわからないだろう？

宇宙もそれと一緒。

その上、地球って、超〜ワガママで、すぐにキレる！

さっき、天災は地球のデトックスって言ったけど、違う言い方をすれば、地球の感情の爆発とも言えるんだ。

地球は感情を持っている星であり、生命体だということ。

「やだ〜！」「こんなん違う〜！」「ひど〜い！」「バカバカバカ‼」

こんなふうに怒ったり泣いたりする女性がいるだろう？　それと一緒で、地球の感情が激しければ激しいほど、自然災害も頻繁《ひんぱん》に起こるけど、それはすごいパッションを持って、宇宙に訴えたいものがあるからなんだ。

ホント、世話が焼けるワガママな女性と同じだね。

惑星ゼロにいると、ときどき地球が宇宙に向かって**「もっと私をかまってよ！　もっと一体化したい〜‼」**って強烈な波動を出すのが見えるくらいだよ。

地球と宇宙は恋人同士って言ったけど、親子とも言える。

子どもは親に「かまって〜かまって〜、もっと私を見て〜、もっと私を愛して〜、もっと私の気持ちをわかって〜!!」って思うよね。

まさに、地球ちゃんが、宇宙パパにそう言っているようなもの。

宇宙パパにとっては、地球ちゃんはかわいいわが子！　だから、どんなに拗《す》ねて騒いでも、大きな愛で見守って、どんなワガママにも辛抱強くつき合っているという感じかな。


でも、そんなワガママちゃんも、ちゃんと進化という成長をしているんだ。

と言うのも、感情をたくさん爆発させて、リセットするという繰り返しを経て、ワンネスに向かうから。

これは人間も同じなんだよ。


ついでに言うけど、地球の子どもも進化しているよ。

これから地球上に生まれてくる子どもたちも、ワンネスになれることを潜在的にわかっている子がどんどん増えてくるはずなんだ。

これはぼくが見てきたかぎり、必ず通る星のプロセスで、そうやって星は進化していき、星とそこに住む生命体は同一化して、すべて感じ取れるという不思議な意識を持つようになるんだよ。

地球は、宇宙にすっごく愛されながら、成長を続けているんだ。

地球が感情を爆発させて、怒ったり泣いたり喚《わめ》いたりしているのを、宇宙はじ～っと優しく、根気よく、見守っている。そうやって、お互いが強く求め合っている関係なんだよ。

宇宙人は地球人に興味津々！
だからときどきUFOに
乗せちゃうよ

よくさ、〝トンデモ話〟として「ＵＦＯに乗せられて、宇宙人と会いました」って話、聞くよね。

まさか〜って思うかもしれないけど、宇宙人が人間に姿を見せることって、あるんだよ。

でも、「会った」と言っても、その人は夢を見ているような感覚。たとえば、夢のなかで「会社に行かなきゃ！」と思って慌てて飛び起きて、電車に乗った記憶がないのに、会社についているような夢を見ることってあるだろう？

あんな感じで、「あれ？　ＵＦＯに乗った気がするけど……家のリビングだ。夢だったのかな？」という感覚なんだ。

それは、白昼夢のような感じで、地球の時間にしたら1秒くらいの出来事。

でも、みんながそれをできるわけじゃない。宇宙人に会ったり、ＵＦＯに乗るためには、いくつか条件があるんだ。

まずひとつは、時空がねじれているスポットにいること。

誰かがＵＦＯに乗せられているところを目撃したって言っている人はいないよね。

と言うのも、地球にはところどころに時空がねじれているスポットがあるんだけど、そこは100％物理化しているわけではなく、半物質化の状態。だから、地球人の波動では、その様子を見ることはできないわけ。

そういう時空がねじれたスポットからUFOに乗るわけだけど、そこはせいぜい1人しか入れない広さなんだよ。

そしてもうひとつの条件は、「UFOに乗ってみたい！」「宇宙人に会ってみたい！」「宇宙人とお話ししてみたい！」と思っていること。

乗りたくない人を乗せることは、その人の時間を無駄にしてしまうことになるだろう？　命を奪うこと、時間を奪うことは、宇宙の法則ではルール違反に当たるんだ。だから、積極的に乗ってみたいと思っている人しか乗れないようになっているわけ。

でも、宇宙人は、なんのために人間をUFOに乗せるんだと思う？

映画やオカルトが好きな人のなかには、宇宙人が地球を侵略するため〜なんて言うけど、違う違う！　単純に興味があるからだよ。

なんと言っても、こんなに物質化している星は珍しいから、宇宙人たちは、地球人がどんな暮らしをして、どんな思考回路を持っているのかなど、とにかく「どういうこと!?」「なんでそんなことするの!?」って興味があるんだよね。

だから、人間が見える波動まで落として、会いにくるわけ。

ときどき、「UFOを呼ぶ会」とか言って、何人かの人が空に向かって妙な呪文を唱えたり、踊ったりしているよね。宇宙から見ていて爆笑～!!

超～面白いから、ぼくらはついつい関心を持って見ちゃう！　そして乗せちゃう！　なんてこともあるんだよ。

「古事記」のなかに、アメノウズメちゃんが裸になって楽しそうに踊り、神々の宴会を盛り上げていたら、その様子を一目見ようと、アマテラスが天岩戸《あめのいわと》からそ～っと覗きに出てきたって話、あるじゃないか。あれと同じで楽しそうな人を見ると、「あの人たち、何やってるんだろ～？」ってつい見に行きたくなっちゃう！

でも、いつまでも続けられると「またやってるよ……」って飽きちゃうけどね。

2

【地球編】

人間って面白い！

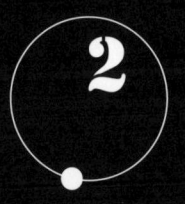

人間は、「地球製スマホ」のようなもの

すっとんきょうなことを言っていたり、常識から外れている人を指して「あの人、宇宙人っぽいよね！」なんて言ってる人がいるけど、人間のお母さんから生まれた人は、み〜んな地球人。

でも、魂は、宇宙からきているよ。

宇宙にはグループソウルと言われる魂（エネルギー）のグループがあって、そこはインターネットの「クラウド」のようなところ。

そのクラウドからきた魂が、体にポンと入って、人間になるわけ。

つまり、人間は、「地球製（体）」の「宇宙生命体（魂）」ってこと。

肉体と魂は、共同体なんだ。

たとえて言うなら、「スマホ＝体」で、「SIM＝魂」ってこと。

SIMは、「地球製スマホ」にも、「シリウス製スマホ」にも、「火星製スマホ」にも入ることができる。

「地球製スマホ」に入れば地球人、「シリウス製スマホ」に入ればシリウス人、「火星製スマホ」に入れば火星人になるってこと。

だから、きみの魂のSIM情報も、100%宇宙の情報で、それを搭載しているのが、きみというスマホなんだ。

でも、スマホを変えるたびに、情報を初期化しなければならないから、ほかの星にいたときのことを忘れてしまうんだ。

「私の前世はイギリスの王女だったの！」なんて言う人、いるよね？

あれは、クラウド内で、ほかの魂の記憶が引き出されていると考えればいい。

宇宙はワンネス、みんな一緒だからね。記憶もみんな一緒ってこと。

ようこは「私の前世は新島八重《にいじまやえ》だ」って言うんだ。

みんなは知っているかい？　会津の砲術師範の家の娘で、NHK大河ドラマ『八重の桜』のヒロインなんだって。

でも、ようこの前世が新島八重だったわけじゃない。

じつは、ぼくもようこも新島八重も、同じグループソウルなんだよ。

ぼくが八重のことを見ていたから、その感覚がようこに移り、ようこの前世が八重だったように感じているってこと。

たとえば、江戸時代に亡くなったAさんが、グループソウルのクラウドに戻ったとする。

その後、昭和になって同じグループソウルから、Bさんが生まれるとする。

AさんとBさんの生まれてくる使命が近いものだったら、「はい、BさんにAさんのエネルギー（情報）、入りました〜！」ってことになるわけ。

そしてAさんの記憶を無意識に持ちながら、Bさんが生きることになる。

みんなワンネスだから、ほかの魂の経験も、記憶として残っているんだよね。

感情をたくさん出した人ほど、早く成長して強くもなれる

感情って、肉体を持っている地球人特有のもの。

感情をたくさん出して、味わった人ほど、精神的な成長も早く、人間的にも強い人になれるんだよ。

たとえば、大好きな彼に「もっと会いたいのに、なんでそんなに忙しいの?」「本当は私以外にも好きな人がいるんでしょ?」「なんで、電話に出てくれないの?」なんて、感情に任せて、言ってしまうことがあるよね。

これって、嫉妬や独占欲を丸出しにしているってことだろう? 自分の醜《みにく》い部分をたくさん相手にさらけ出して、ぶつかり合っているよね。

そういうぶつかり合いをしながら、相手に不信感を投げかけている自分に気づいたり、もっと相手を信じることが大事だって反省したり、自分の欲がどこにあるのか、相手に何を求めているのかを知ることができるんだ。

そして、感情を出し切ったときに心がリセットされて、状況を俯瞰《ふかん》して見る目(判断力)を得ることができるんだよ。

人は、必ず感情をともなって成長していくんだ。

だから、若いときに経験した感情は、金のわらじだね。

人生の経験値があがってくると、いちいち感情を出さなくても、「これはこういうことだ」と判断したり、状況に合わせて対処することができるようになるだろう？

これは、感情より思考が優先しているってことなんだけど、感情が動かなくなるのは、性ホルモンの分泌が少なくなるから。

性ホルモンは、積極的に生きる原動力だから、たくさん分泌されていると、いろんな感情がわき起こるようになっているんだ。でも、年をとると性ホルモンが減ってしまうから、感情よりもまず、経験から学んだ思考のほうが優先されるってわけ。

問題は、若いうちに出し切れなかった感情がくすぶっている場合。

感情には2種類あって、ひとつはどんな状況にあってもハッピーになる感情。もうひとつは、出せば出すほどむなしくなる感情。前者はワンネスに向かう感情で、後者はエゴから生まれる感情。でも、どんな感情でも、出し切ることが大事！

抑圧された感情を抱えていると、何かの拍子に必ず出てくるので、じいちゃんやばあちゃんになった頃に、「イヤダ〜イヤダ〜」とか言い出すようになるんだよ。

憎まれ口ばっかり叩くじいちゃんや、嫌みばっかり言うばあちゃんを見たことがあるだろう？　あれがまさにそうだよ。

これからは、人生１００歳時代だ。みんなに愛される年寄りになるためにも、若いときに感情を出し切っておこうよ。たくさん感情を爆発させて、今のうちに「若気のいたり」ですませておくことが大事なんだよ。

感情を出すことの大切さは、人間的に成長できるってことだけじゃないんだ。

感情を出すには、相手が必要だろう？

自分の醜い感情を出せる相手と出会えたってことも、すごく大事。そういう相手は、とても特別な存在とも言えるからね。

そういう相手とは、一度別れても、きっとまたどこかで出会えるようになっているんだ。

人の縁は、お互いに成長し合えるようにできているんだね。

「自分を好きになれない」って、笑っちゃうよ！

自分を好きになれない……って悩んでいる地球人って多いよね。
でも、「自分のことを嫌い！」なんていう魂は、存在しない。
だって、「個」を楽しむために、わざわざ地球にやってきたんだよ。そんな自分を「超～かっこいい～！」と思うことはあっても、嫌いになるなんてことは、絶対にないんだ。
でもまあ、地球に生まれたくて生まれてみたけれど、「こんなはずじゃなかった」っていう人もいるかもしれない。

欧米人と日本人を比べると、自分を好きになれない人って、圧倒的に日本人に多い気がする。欧米人は「私はこんな人間のはずがない！」って思ったら、積極的にがんばるタイプが多い。だから、失敗も成功もたくさんするし、執着を手放すのも早いんだ。

もし、自分が嫌いでどうしようもないってときは、「足りない部分がある自分を否定する」のではなく「足りない部分を人からもらう」と考えてみればいい。

そもそも人間は完璧ではない。それなのに、足りないところがある自分はダメだから、がんばらなきゃって思ってしまうわけだよね。

自分がどんな人間か、自分にできること、できないことは何かって客観視するために、深く深く考えることは必要だよ。でも、自分に足りないものがわかったら、悲観するのではなく、それを持っている人たちに協力してもらえばいいってこと。

自分にないものを持っている人の考え方を吸収したり、一緒に行動したり、協力し合う関係をつくっていけばいいんだ。

たとえば、仕事でいろいろなアイデアは出るけれど、それをかたちにするのが苦手という場合は、かたちにすることを得意とする人と一緒に仕事をすればいい。

あの人は持っているけれど、自分は持っていないと比べて落ち込むのではなく、私とあなたが一緒に組めば、いいものができるよねって考えてみよう。

これが競争しない生き方ってこと。

ぼくは、「個」を楽しむことは大切だって言ったけど、それは個がそれぞれ自分勝手に楽しむのではなく、それぞれが誰かの役に立ち、その役割を担うために、自分の個性を輝かせることが大切だということ。

誰もが個性を輝かせて生きることができれば、生きているだけで誰かの役に立っているってことになるだろう?

自分のために生きてくれている人もいるし、自分も誰かのために生きているってこと。

自分を好きになれないって悩んでいる暇があったら、好きになれない部分を補ってくれる人を見つけて、助け合ってみてごらん。

いつの間にか、そんな自分を好きになっているはずだから。

トラウマを消すなんて、もってのほか！
トラウマがなくちゃ生きていけないよ

ようこは占い師でもあるんだけど、あるとき、「トラウマを解消したいんです……」って相談しにきた人がいた。

「ダメダメダメ～、そんなことしちゃダメ～！」

って、ぼく、叫んじゃったよ！

だって、トラウマがないってことは、無菌状態っていうこと。そんなの超～キケン！

トラウマって、「私は愛されなくて一人ぼっち」とか「この気持ちは誰にもわかってもらえない」とか、過去にできた心の傷のことだろう？

トラウマによって、人は他人と自分を比べて不満を持ったり、自信をなくしたり、コンプレックスを持ってしまうんだけど、それが全然ないと、ピュアになり過ぎて生きにくくなってしまうんだ。

ピュアって、何も知らないって意味。

無垢《むく》でいることはいいことに思えるかもしれないけど、周りから見るとおバカちゃんでずうずうしい人って感覚に変わっちゃうんだよね。

たとえば、親友の彼氏がイケメンだったとする。

「いいな〜。私もこの人を彼氏にしたい！」

なんて思ったら、親友がいる前で「私とつき合って」とか言っちゃうようなこと。

親友の彼を好きになるのが悪いってことじゃなくて、ずうずうしくて遠慮がなくなると、人間関係を破滅に追い込むかもしれないよね。そんなことばかりの人生は、自由奔放《ほんぽう》に見えて、じつは自由が奪われて生きにくい人生だ。

本来、個を中心とした地球では、人と比べることで「違い」や「個性」がわかるようになっているんだけど、そのためには、**ある程度のトラウマを取り入れて、「二度とあんなことにならないように、今度は気をつけよう」って、対策や向上心を持ったほうが生きやすいんだよ。**

また、事故や災害で大切な人を亡くしたなど、大きなトラウマを抱えてしまう場合もある。

そういうときは、「今はどうしようもなく悲しい」っていうように、自分の感情に素直になることで、宇宙からのエネルギーが入るようになる。

その結果、「同じような悲しみをなくしていこう」と世のなかを変える原動力になることだってあるんだ。

だからね、トラウマは個として生きる免疫をつけるために必要なの。

予防接種と同じなんだよ。


トラウマは、必要最低限であれば持っていても大丈夫。

とにかく個を楽しむ！　うまくいかないことがあっても、それすらも思いきり楽しめばいいんだよ。

たったそれだけのことで、今までため込んだトラウマは、あっという間に清算されて、バランスが取れていくようになるよ。

執着もエゴも、
考えようによっては大歓迎!!

「執着」って、悪いイメージがあるよね。でも、執着には、いい執着と悪い執着があって、いい執着は、大歓迎したほうがいい。

いい執着か、悪い執着かの基準は、他人を巻き添えにしていないか、他人の時間を奪っていないかということ。

たとえば、「〇〇くんにフラれたけど、彼のことが好きで忘れられないの。なんとしても振り向かせたい！」という女子がいたとしよう。

彼女は彼に毎日ラインを１００通送ったり、帰り道に待ち伏せしたり……。

これは悪い執着。

だって、気がない相手からストーカーのようにつきまとわれたら気持ち悪いだろう？　相手の気持ちを無視した自己満足の行為だよね。

一方で、「絶対に、女優になる！」と思った女子がいたとしよう。

彼女は毎日、お芝居のレッスンに励み、その道のプロに話を聞いたり、相談しながら、実現しようとした。

これは、いい執着と言える。

だって、彼女は協力者が得られたのだから。
自分の志、信念、ミッションに賛同してくれた人がいるなら、それは「大いなるチャレンジ」という執着。

同じように、エゴって言葉も、自分勝手とかワガママ、利己的といった悪い意味で使われているよね。

でも、本当のことを言うと、エゴっていうのは「体を持ったら、やってみたいこと」なんだ。

だって、体がなければエゴなんて生まれないんだから。

そういう意味では、エゴっていうのは、すべて夢や希望のこと。「○○してみたい」「○○を食べてみたい」「○○を達成してみたい」といった夢や希望は「プラスのエゴ」。別名、欲とも言える。

それがうまく育てば現実になるけれど、うまく育たないと「自分の思いどおりにしたい」「あいつから奪ってやる」といった「マイナスのエゴ」になってしまう。

エゴというのは、夢や希望となって現実になるか、自分勝手な欲望になるか、そのどちらかなんだ。

日本人は、ワンネスの感覚を持っているから、本来、あんまりエゴがない。これを悪い意味でとらえると、行動力に欠けると言えるけど、いい意味でとらえると、何もしなくても幸せだってこと。

実際、電車や車、飛行機などを発明したのは、欧米人ばかりだよね。「離れている人のところに早く会いに行きたい」「遠くに旅をしてみたい」。そういう欧米人の持ち味でもあるプラスのエゴが、文明の発達につながったと言えるね。

自分の欲が、
夢や希望なのか、執着なのか。
見分ける方法

オニオンリングの食べ放題に行きたい～、ケチャップ飲みたい～、コーラを浴びたい～、ドラえもんと一緒にどこでもドアで遊びたい～！　これ、ぼくの欲望！

欲って楽しいね～！

みんなはどんな欲がある？

言い出したらキリがないくらい、いっぱい出てくると思うけど、欲って有限なんだ。

際限がないように見えるけど、欲には限りがあるってこと。

だって、欲って満たされたらなくなるだろう？　満たされなくても、時間が経つと「どうでもよくなった」なんて欲は、たくさんあるよね。

欲って、100年あればなくなるものなんだ。

「欲には際限がない」って言うのは、人生が100年以内で終わっていた時代のこと。

100歳以上のお年寄りで、「あれもしたい」「これもしたい」ってギラギラしている人って、見たことがないだろう？

希望や夢をいつまでも持ち続けることは大切なんだけど、100歳以上生きると、

人は欲がなくなり「感謝」に変わっていくものなんだ。

これからは、100歳以上生きる人もたくさん出てくるから、感謝に生きる人が多くなる時代になっていく。

欲は尽きないから執着してはいけないって言われるけれど、でも執着しなかったら何も生まれない。

前に、「いい執着」と「悪い執着」があるって言ったけど、たとえば科学者が「絶対に発明してやる！」って執着しなかったら、みんなスマホを使うことはできなかったはず。

そして、エゴ（欲）のはじまりは、夢や希望とも言ったよね。

その夢や希望を、いかにまっすぐ育てるか、そこが大事なんだ。

そもそも欲がなかったら夢も希望もなくなっちゃうから、欲はないといけないものなんだよ。悪いものじゃないんだ。

今の自分の欲が、夢や希望なのか、執着なのかわからないって場合は、とりあえずやってみることをおすすめする。

その結果、実現してむなしくなったら執着、実現して幸せになったら希望ってことがわかるよ。

やらずに考えていてもわからない。だから、怖がらずにどんどんやってみることが大事。

ぼくの場合は、ホットドッグをどんなに食べてもむなしくならないから、これは希望だ！

でもそもそも肉体がないから、お腹いっぱいになんてならないんだけどね。

願いを叶えるのは神様じゃない、自分だよ！

ぼくが地球にきてすごく不思議～って思ったのは、たくさんの人が頭を低くして、お祈りをしていること。

だって、宇宙エネルギーは頭頂から入るんだよ？

なのに、なんで宇宙エネルギーが入る頭頂を、天に向けないの？

なんで、頭頂を神社に向けているの？

本来、神社やパワースポットというところは、まっすぐに立って、天からの暗号（何を選び、どう生きればいいか）を受け取る場所なんだ。だから神社に行ったらひらめいた！って言う人もいるだろう？

つまり、天からの暗号が降りやすい場所であり、宇宙エネルギーをチャージするところなんだよ。

けっして、願いを叶えてくれるところではないってこと。

実際、神社っていうのは、大昔のシャーマニックな日本人たちが、宇宙からのエネルギーが降りる場所を探して建てているんだ。だから、天からの暗号をキャッチできるアンテナが立っている場所がすごく多い。

みんな、神社に願いごとをしたら「神様とつながった気がする！」って幸せそうな顔をして帰っていくけど、本当は宇宙からのエネルギーを受け取って、生きる方向が明確になったことを感じているからなんだ。

自分の力が満たされたってことなのに、それを神様のおかげって思っているのを見ると、すごく面白くて不思議〜。


「天に向かって唾《つば》を吐く」って言葉を聞いたことはある？

上に向かって唾を吐くと、それがそのまま自分の顔に落ちてくることから、他人に害を与えようとすると、かえって自分がひどい目に遭うっていうたとえだよね。

つまり、相手にやったことは、巡り巡って自分に返ってくるということ。

「天に向かってお祈りをする」のもそれと同じ。

みんな、自分たちのなかに宇宙があって、自分は神様だってことを本当は知っているんだ。

巡り巡って最終的に、その願いごとは自分に返ってきて、自分で叶えるようになっているんだ。

そのためのエネルギーを神社やパワースポットからもらうってわけ。

本当はどんな願いも奇跡も、全部自分で叶えているんだよ。

それなのに、「神様に叶えてもらった！」って思いたい地球人って、よっぽど遠慮深いんだね〜。

「引き寄せ」は「未来予知」のこと

引き寄せって言うと、願ったことが引き寄せられて、現実になるってイメージがあるよね。

でも、本当のことを言うと、すでにそうなる未来をキャッチしていて、それを願望として口に出しているだけなんだよ。

きみたちは、未来を受け取る感覚器官がないだけで、「予知」することはできるんだ。

よく「自分が想像できないものは、引き寄せられない」って言うだろう？　それもこの理屈に当てはまる。

じゃあ、心配や不安は何だと思う？

それだって未来を予知しているということ。

心配や不安がわいてくるときは、起こってほしくない未来をキャッチして、予知しているってことなんだ。

なぜイヤな知らせを予知するかと言うと、人間には防衛本能があるからだよ。そのおかげで、いざこざを回避できているんだ。

人間は、未来を受け取る感覚器官はないけど、防衛本能はあるんだね。

でも、ぼくから見ると、防衛本能がちゃんと機能していない人ばっかり！

本来、防衛するためにあるものなんだから、危険を回避するために動かなくちゃ。それなのに、何もしないであれこれ悩んで、ただいつまでも心配や不安を抱えている。

心配や不安は、それを解決するためにわいてきたんだよ。だから、避けるためにはどうすればいいのか、対策を考えなくちゃ。

とくに、生命の危機に関する場合は、ちゃんとキャッチして回避行動をとることが大事。

たとえば、テレビ番組で地震について話していたら、「怖いわね～」「心配よね～」なんて言ってお茶を飲んでいないで、「うちも防災グッズを点検しなきゃ」と、すぐに行動に移すってことだよ。

いいことも悪いことも、人間は未来予知をしているんだ。そして、自分たちがそれを引き寄せている。

もちろんそこには、前世や前々世から決めてきたこともあるんだけど、そんなことにいちいちとらわれずに、きみたちは未来がわかっているってことに、まず気づいてほしい。

この前、「いろんなことを試しているけど、全然、願いが叶わない、引き寄せられないんですぅ〜」って女性がいたよ。

あったりまえじゃ〜ん！　だってその女性の願いは、エゴばっかりなんだから！

たとえば、「素敵な彼氏が欲しい」「月収１００万円欲しい」というような願いは、「肉体を持ったからには、経験してみたい」っていう、誰もが憧れる集合意識が抱く願いなんだ。

もし本当に、素敵な彼と結ばれる未来をキャッチしていたなら、「必ず素敵な男性と出会える気がする」といった確信になっているはず。

月収１００万円になる未来をキャッチしていたなら、仕事がどんどん発展していくような流れをキャッチしているはず。


エゴからきた願いは、未来をキャッチしているとは言わないんだよ。

「シンデレラ」は、地球で生きるお手本だよ！

「どうせ私の願いなんて叶うはずがない……」と悲劇のヒロインを演じている人が多いんだけど、そういうときはシンデレラを思い出すといいよ。

シンデレラは、継母《ままはは》とその連れ子のお姉さんたちから毎日いじめられていて、メンタルはズタズタ、お城で開かれる舞踏会に行きたくても、ボロボロの洋服しか持っていない。でも不思議な魔法のおかげで、素敵なドレスを着てかぼちゃの馬車に乗って舞踏会に行くことができた。

そこでせっかく王子様と出会ったのに、12時になると魔法がとけちゃうから、片方の靴を置いたまま、慌てて帰っていったって話。

シンデレラは、世界的に大人気だよね。

でも、シンデレラがすごいのは、魔法をかけてもらえたからとか、ドラマチックにガラスの靴を置いていったからとか、王子様と結ばれたからとか、そんなことじゃない。

魔法がとけて現実の世界に戻っても、何ひとつ文句を言わず、言い訳もせず、王子様に会えると信じて、いつもどおりにたんたんと暮らしたところが、すごいんだ。

もしシンデレラが、「あ〜、あれは魔法だったんだ。もう私は王子様に会えない。お姉ちゃんたちは相変わらず意地悪だし、ストレスたまるわ〜!!　頭にきたからいっぱい食べちゃおう!」なんて、ガツガツとホットドッグやオニオンリングを食べていたら、間違いなく太っていたはず!　そして、ガラスの靴だって入らなかったはずだ。

シンデレラのすごいところは、魔法がとけてからも、その現実を受け入れていたということ。

そして「またいつか王子様に会えるかもしれない」という希望だけを胸に過ごした。だから、ガラスの靴がぴったり入ったんだよ。

きみたちは、現実を見ずに「もっと痩せたいのに、痩せられない!」とか「もっとちやほやされたいのに、なんでモテないのよ!」なんて、文句ばかり言っていないかい?

自分が思いどおりにならないことを、何かのせいにしていないかい?

現実をちゃんと見れば、必ずそこには希望が宿るんだ。

どんな人たちにも平等に宇宙からの指令(希望を叶えるカギ)は飛んでいて、それが心のカギ穴とぴったりはまった人が、希望を叶えられる人なんだ。シンデレラの足に、ガラスの靴がピッタリだったようにね。

そのためにも、希望を持って今の現実を受け入れて、日々の暮らしを大切にすること。そうすれば、ちゃんとキャッチできるはずなんだよ。

誰かや何かのせいにして、悲劇のヒロインに浸っているのは、言ってみれば、茶番ってことさ。

自分が勝手につくりあげているドラマであって、そのヒロインでいるかぎり、自分の人生を生きていないってこと。

「悲劇のヒロイン＝茶番な人生」ってことだよ。

だってシンデレラは、悲劇のヒロインなんかじゃないだろう？

自分を恨んだり、誰かや何かのせいにして、希望を捨てたりしていないからね。

そして、茶番な人生には、希望なんてないよ。

希望を持って日々をたんたんと暮らす。それだけで、願いは叶うようになるんだよ。

未来は
強いエネルギーを持っているほうに、
引っ張られる

現実に起こることは、そもそも自分が予知したものだけど、正確に言うと、「未来の自分」と「なりたい自分」が一致したときに、現実化するシステムになっているんだ。

たとえば、このままいくと、食べ過ぎてデブになった、未来のようこがいるとするよね。

でも、すごくがんばって、ダイエットをしたとする。

すると、「なりたい自分」のエネルギーのほうが強くなるので、未来が変わるんだよ。

こんなふうに、未来は、強いエネルギーを持っているほうに引っ張られる。

たとえば、ようこが痩せたいと思っているのに、目の前においしそうなケーキが並んでいるとするだろう？

そうなると、ようこは葛藤《かっとう》するわけだ。

「食べたい！」

「でも痩せたい！」

「食べたい!!」

「でも、痩せたい!!」

「食べたい～!!」

「でも、痩せたい〜!!」

これをず〜っとやっているかぎり、ようこは痩せられない。

でも、ようこが本当に痩せたいって思ったら、「食べるのはやめておこう」って判断ができる。これが「未来の自分」と「なりたい自分」が一致している状態ってこと。


これ、簡単そうに見える？

いやいやいやいやいやいや、みんなたーくさんのことを決められないでいるはずだ。

「言おうかな？　やめようかな」

「やってみようかな？　無理無理無理無理」

「行きたくないな、いや行かなくちゃな……」

ってね。たくさんのことを迷っている。


私は、こうしたい！

って、決めることができる人は、勇気を持てる人なんだ。

勇気が持てた人は、前に進める人。

前に進める人っていうのは、自分を信じている人。
そして、自分を信じている人は、自分を愛で満たしている人なんだ。

自分を愛で満たしている人は、自分の心の声に従っているから迷いがない。「○○したい」「じゃあ、そうしよう」って、簡単に事が決まるんだ。

ただ、昨日はスパスパと決断できたのに、今日はなぜか決められないということもあるだろう？　なんかいちいち迷ってうまくいかないっていう日。

そういうときは、地球の影響を受けていることも考えられる。

きみたちは地球の子だって言っただろう？　ということは、地球の感情が不安定なときは、きみたちの感情も不安定になるってこと。

原因不明のモヤモヤ感があるときは、自分を責めるのではなく「今日の地球は気分屋さん♡」ってやり過ごせばいいのさ。

言霊《ことだま》に エネルギーがあるワケ

ぼくは男でも女でもないけど、「ぼく」って言葉を使っているのは、「私」よりも「俺」よりも「せっしゃ」よりも、「ぼく」って言葉の響きが好きだから。

自分を表す言葉がこんなに豊富な国は、ほかにない。日本はそれほど言葉を大事に扱っていたっていうことだよね。

もう少し言うと、昔の日本人の言葉にはウソがなかった。

これは、自分の気持ちや本心をちゃんと言い表せるほど豊富な語彙《ごい》があったからでもあるんだ。

たとえば今、みんな何かというと「ヤバイ〜」って言うだろう? かわいくても、アヤシくても、悲しくても、気持ち悪くても、病気でも、絶好調でも、みんな「ヤバイ」で片づけてしまう。

これは、ぜ〜んぶウソの言葉。ちゃんと言葉に思いを乗せて伝えていないんだから、全部ウソの言葉だ。

でも、そもそも日本人は、ウソのない心、本心をちゃんと言葉にしていたんだ。

それが言霊だよ。本心からの言葉にはエネルギーがあるんだ。

言霊にエネルギーがある理由は、そこにウソのない思いが宿っているから。

赤ちゃんがご飯のことを「マンマ」って言うよね。それも言霊だよ。だって、本当におなかがすいていて「ご飯食べたい！」っていう思いは、ウソではない。その思いをちゃんとストレートに伝えているからね。

ようこもときどき、「ご飯食べたい〜」って言うけど、それはアヤシイ。

だって、その理由が「ヒマだから」とか「気分転換したい」なんてこともあるからね。

ときどき「ありがとうを1000回言えば、本当に感謝のエネルギーに包まれます」って言っている人がいるよね。

「ありがとう」と思っていないのに、「ありがとう、ありがとう、ありがとう、ありがとう……」って1000回言っても、意味あるの？　って思うよね。

少なくとも本心ではない。魂も入っていない。だから、これは言霊じゃないわけだ。

でも、誰もが1000回も言えるかっていうと、そんな人はほとんどいない！

たとえば、懸垂《けんすい》を200回やれと言われても、体力がなければできないのと同じで、思いがなかったら1000回も言えないってこと。

「ありがとう」を1000回言ったら感謝がわかるのではなく、1000回言えるってことは、感謝があるってこと。

魂の入った言葉がどういうものかを思い出すため、1000回「ありがとう」を言ってごらん、ってことなんだよ。

ウソがない心からの言葉は、愛の言葉とも言えるよね。

どんなに美しい上品な言葉を使ったとしても、それがウソの言葉であれば、相手の心には届かない。

表面的な言葉のやりとりは、表面的な関係しかつくることができないんだ。

でも、たとえば「ばかやろう!!」なんて乱暴な言葉を使っても、そこに本音と相手を思う愛があれば、必ず相手に伝わるものなんだよ。

「どんな言葉を言えばいいか」ではなくて、「その言葉に愛があるかどうか」。それが大事なんだね。

人間と科学は、愛に向かって進化している

今の時代、SNSを使っていない人は、何人いるかな。つい30〜40年くらい前までは、通信手段と言えば、電話と手紙、あとでっかい携帯電話くらいだった。

だから、その当時は「もう1週間も彼から電話がこない。嫌われちゃったのかな？」とか「もしかしたら、ほかに女ができたのかも……」なんて、悶々《もんもん》と悩みながら、ただ時が過ぎるのをじっと耐えていたもんだよね。

でも現在、科学はすごい勢いで発達して、恋愛のかたちだって変えてしまったに違いない。

科学の進歩と、人間の進化は比例しているんだ。

人間がエゴだらけの時代に発展する科学は、エゴを満たすための科学でしかない。

たとえば、遺伝子組み換え。

この技術ができたときは、「食べ物を大量に安く供給する」というエゴが目的だったから、必ずしも人間の体に及ぼす影響は最重要ではなかった。

原子力（核）も「他国の脅威と闘うため」というエゴから発達したから、悪いイメージが強いよね。

でも、エゴによる科学の発達も、そろそろ終わりを迎える。

エゴを主張したり、エゴを中心に考えることに、いい加減、人間が飽きてくるからさ。

どんなご馳走でも毎日食べたら、「また？」って思うだろう？　それと同じで、そろそろ人間もエゴに飽きてくる頃なんだ。

人間って、いつの時代でも飽きっぽい。でも飽きるからこそ、科学は日々進化していくってわけ。

エゴに飽きたら、次は何だと思う？

それが愛だ!!

科学者のなかには、進化した脳を持った人たちも、どんどん出てくるはずだよ。彼らは愛を知っているし、人間に不可能がないこともわかっている。

そういう彼らが技術開発すれば、愛をプログラミングできるテクノロジーが開発されて、ＡＩ（人工知能）にも愛が組み込まれるようになっていく。

もちろん、その反対に、エゴをプログラミングしたＡＩもできると思う。

どんな時代でも、新しい技術ができるとすぐにエゴを丸出しにして、悪用する人間っているからね。

でも、それもやっぱりすぐに飽きられる。性能だって悪いはずだ。

だって、エゴってそもそも人間の体を壊して病気にするものなんだから。

だから、エゴを搭載したＡＩなんてすぐ壊れるし、バグが起きやすかったりするのは当然ってこと。


でも、さっき言ったように、必ずエゴはすたれる。

すべては、宇宙と同じつくりで運用できるものしか残らないようになっているんだ。

宇宙と同じつくりっていうのは、ワンネスになるためのシステムってこと。

技術も情報もお金も、全部そう。

それらをどう扱うのか、そこに人間の本質が試されているということなんだ。

もし、それらを他人の時間や権利、愛を侵すようなエゴのために使うなら、必ず社会や地球にバグが起きる。

でも、そういう時代を経て、ワンネスになるために使えるようになると、地球は愛の方向に進んでいくわけ。

人間って、どうしてもエゴにはまりやすいんだな〜。

というのも、愛と比べて、エゴって強烈なイメージがあるからね。

だから、人間は不安や恐怖をすぐに植えつけられたり、それを避けるためのリスク管理に流されてしまいがちなんだね。

だけど、技術も情報もお金も、実際は、愛を中心にして愛のために活用したほうが、大きな力を発揮するんだよ。

エゴによる科学の発達もそろそろ終わると言った意味は、そろそろ人間がそれをわかってくる時代になってきたってことさ。


日本はよく欧米とくらべて「サイバーテロに関する危機管理が遅れている」なんて言われているけど、欧米は、国同士が支配したりされたり、だましだまされてきた長い歴史があるから、そこから得た経験として、サイバーテロや事件に対する強力なセキュリティーシステムが発達しやすい。

でも、日本人はそもそもワンネスの感覚を持っているから、誰かをだましたり、貶《おと》めたりするという発想を持ちにくいんだ。

ワンネスがわかる時代になれば、セキュリティなんてものは必要なくなる。ぼくから言わせれば、「それ、いつまで続けているの？」って感じ。

セキュリティのいらない世界は、進化している証拠なんだよ。

6歳までに親に何でも言えた子どもは、使命をまっとうできる

そもそも、きみはどんな使命を持って、生まれてきたか知っている？

ぽか〜んとするだろう？

地球って刺激的だから、みんな忘れちゃうんだよね〜。

語学留学のために「よし、勉強するぞ！」って意気込んで海外に行ったのに、楽し過ぎて、全然勉強しないまま帰国する人と一緒だよね。

じつは、使命をまっとうして生きられるかどうかは、6歳までに決まる。

人間は生まれてから6歳までの間に、自分は地球でどれくらい影響力を与えられる存在なのか、使命を果たしていけるのかどうか、それをいつ引き出すのかを決めているんだ。

そこには、親との関係が色濃く影響している。

結論を言うと、6歳までに親に何でも言える関係を築けていれば、その子は迷わず使命を持って人生を突き進める。

ところが、親が怖くて気を遣って、親の顔色をうかがいながら生きてきた子どもは、使命をまっとうできるかどうか、迷う傾向にあるんだ。

本来、どの子も生まれてきた使命をまっとうするための素質を持っているんだけど、でもそれを生かせる子どもは、今の世のなかでは、残念ながら、半分以下なんだ。親とのいい距離感をつくれなかったために、くすぶってしまっているのが現実なんだよね。

でも、それも過去の話となりつつある。

と言うのも、地球の進化に合わせて、子どももどんどん進化しているからね。

それぞれの時代によって、求められている魂が違うんだよ。

魂にも、地球のニーズがあるってこと。

たとえば、昭和初期だったら、「お国のために」っていう意識を持っている魂にニーズがあった。でも、今の日本には、なかなかそんな子どもはいないだろう？　もし、それを強烈な使命として持っている魂なら、日本ではなく違う国を選んでいるはず。

今日本に生まれてくる子どもの魂は、本質がわかる魂。

たとえば、友達が整形手術をした場合、今までの時代なら、「あの人、自分の顔が嫌いだったのかしら。でも、その話には触れないようにしよう」なんて、妙に気を遣ったり、距離をおいてつき合う人が多かった。

でも、今の子どもたちは「夢が実現してよかったね。あなたが整形してもしなくても友達だよ」っていうように、見た目で判断することもなければ、現実を知っても幻滅せずにいられるんだ。

つまり、外見や出所に関係なく、中身をちゃんと見て、仲間を承認する能力が高いんだよ。

個性の時代を生き抜くためにも、親はウソを言わないことが大切。

寿命がどんどん長くなっている今、真理をいつまでも知らずに長く生きることが、どれほど時間を無駄にしているかってことを、子どもは知っているんだ。

でも、親が古い考えを押しつけていたり、愛がわからなくて本音が言えなかったり、子ども扱いしてちゃんと向き合わないようなら、子どもはせっかく持ってきた使命に気がつけないってこともあるんだよ。

どんどん進化する子どもたち。
これは地球の新陳代謝！

今地球は、急速に進化している最中。だから、生まれてくる子どもたちもまた、一段と進化した魂を持っているんだ。

そんな子どもたちを、「インディゴチルドレン」とか「クリスタルチルドレン」「レインボーチルドレン」なんて呼んでいるようだけど、はっきり言えば、大人の考えで区分なんかできっこない。

だって、古いものが新しいものを理解するには、限界があるから。

もう未知の存在だ！　と割り切ったほうが、よっぽど子どもの可能性を伸ばせるよ。

10年前のパソコンより、最新のパソコンのほうが、すべてにおいて性能がいいように、人間だって、ちゃんと今の時代を生きるために必要なすべてをそろえた仕様になっているんだ。

じゃあ旧式パソコンとも言える親は、ポンコツかって言えば、そうじゃない。

たしかに、子どものほうが親よりも進化しているけど、それが開花するのは、ある程度大人になってから。

それまでの間、親は子どもにいろんなことを経験させて、新しいＯＳの機能をちゃんと使い切れるように、愛情をたっぷり注いであげなくちゃいけないよね。

そして、いよいよそのときがきたら、「今度はあなたたちの時代よ」と、そっと背中を押してあげるんだ。

親が子どもの応援団になることで、子どもは親からの愛情を受け取り、それを土台にして新しい価値観が生まれていくんだよ。

親は、自分が子どもよりポンコツだからって、落ち込む必要なんてない。ポンコツなりに、自信を持って生きればいいわけ。間違っても、わからないのに新しい人間のフリなんかしちゃダメ～。

よくドラマなんかで見るじゃないか。「最近の若いもんは、わからん！」なんて親父が言っているシーン。

このセリフ、過去からずーっと言われ続けてきたよね。つねに昔の人間は、新しい人間を理解できないって証明しているようなもんだよ。

でも、「最近の若いもんは、わからん」って言っている親父だって、かっこいいだろう？確実にその時代を背負って生きてきた証《あかし》でもあるんだから、その人生を送ればいいってこと。

地球は、時代に合わせて進化した人間を生み出し続けて、時代の新陳代謝をはかっているんだ。

そして、最終的にはワンネスへと向かっている。

今の親ができることは、「今の記憶」をちゃんとこの地球に焼きつけること。ちゃんと、その時代の価値観で、精一杯生きること。

そうすることで、地球はその時代の記憶を残しながら、進化していく仕組みになっているんだよ。

3

【宇宙アドバイス編】

人間関係・恋愛・お金・健康：
新時代の解決法

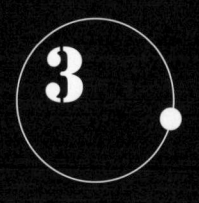

たとえ将来別れる人でも、目の前にいる人が、今のあなたに必要な人

ソウルメイトって言うと、出会うことを約束してきたロマンチックな関係のようなイメージがあるよね。

でも、夢を壊すようで悪いけど、きみたちはもともとワンネスで、ひとつのところからきているんだから、言ってみれば、地球人全員がソウルメイトなんだよ。

ただ、一生のうちに出会う人は、決まっている。

そして出会った人は、どんな人でも自分に必要な人なんだ。

つまり、今自分にとって必要な人が、目の前に現れているということ。

たとえば、すごく仲が悪い夫婦を想像してみて。

妻は夫に毎日ムカついている。でも、妻はおとなしく従順でなければいけないという思い込みから、夫への不平や不満、怒りを、一生懸命に抑えていた。

夫はどんどん、どんどん威圧的になってくる……。

そんな夫の態度に耐えられなくなった妻は、とうとう堪忍袋の緒が切れた！

「私のこと、なんだと思っているのよ〜！」

「私だって、好き勝手したいわよ〜！」

「もうご飯もつくりたくない！　洗濯も掃除もしたくない〜!!」

なんて、思いのかぎりを叫んだ！

このとき、やっと妻は自分の本心に気づいて、言えたんだ。

つまり威圧的な夫が、妻の本心を引き出してくれたわけで、自制心の強い妻が、自分の殻《から》を破るためには必要な夫だったんだ。


恋愛中はラブラブだったのに、結婚したらケンカばかりで、「なんでこんな人と結婚したのかしら……」って悩んでいる人、たくさんいるよね。こんな男を好きになった私、バカバカバカ〜〜！　って。

でも、そんな人を好きになった理由は、ちゃんとある。

自分にとって必要な人と出会ったとき、「好き」という感情がわくようになっているからなんだ。

だって、最初からうまくいかないってわかっていたら、いくら自分に必要な人でも、一緒になろうとは思わないだろう？　一度、好きにならないと、その人を受け入れられないじゃないか。

だから、自分に必要な人とは、いったん惹かれ合うような関係になるようにできているんだ。

反対に、今大嫌いな人でも、本当に必要な人なら、10年先に大好きになるように設定されていることもあるんだよ。


じゃあ、離婚した人は、そもそも結婚する必要があったのかって思うよね。

離婚ってね、もともと離婚することがわかっていながら、結婚しているはずなんだ。実際、離婚する人って、結婚している間もずっと「別れたらどうするか」「別れたらこうしよう」って考えているものだけど、それはまさに、予知している証拠だよ。

離婚するのに、どうしてわざわざ結婚したのかって言うと、「してみたかったから」。

はぁ〜⁉ って思ったよね〜。

でもエゴがあるかぎり、人は自分の欲を満たしたくなるわけ。だから、それを満たすために結婚したってことなんだけど、それは別に悪いことじゃない。

やってみた。だけど違った。だから別れたってだけ。

行動することって、それほど大事なんだよ。

でも、「子どもがいるんだから、離婚しないほうがいいよ」とか「離婚して生活できるの？」なんて言われたりして、そのままずるずると人生やり過ごしちゃうって人もいるよね。

周りの意見なんて、無視しちゃえばいいんだよ。これからの時代を生きるとき、古い価値観の人の意見が参考になるはずないんだから。

きみたちのなかには「波動メーター」っていうものがあって、それがいつでも「出会い」を決めているんだ。

今の自分に必要な人は、自分と同じ波動の人ってわけ。

波動メーターは、「何歳くらいで自分の波動レベルがどのくらいになり、そのとき同じ波動になっている○○さんと出会って、一緒に使命を果たす」というふうに、細かく設定されている。でも、エゴにまみれていると、使命を忘れて一緒にいる意味が見出せないんだ。

波動が上がるような心身が心地よい人生を送ろうとしないで、快楽や怠惰に流され、適当にやり過ごす人生を過ごしてしまう人はすごく多いよね。

そんな人は、せっかくの波動メーターも、宝の持ち腐れ。もったいないね。

その結果、目の前の人がどんなに自分にとって大切な人かもわからず、恨んだり悩んだりしているってわけ。

いい出会いを増やすためにも、自分の感情をどんどん出して行動してみること。

行動したり、感情を出し切ることで、波動は高くなるんだ。

そして、「好き」という感情がわいたら、臆することなく告白しよう〜！

さっさと告白してフラれたほうがいいじゃないか。

次に現れる人が、あなたにとって必要な人かもしれないんだから。

ハッピーエンドになることがハッピーなわけじゃない。一緒にハッピーになっていく人と出会うことが、本当のハッピー！

たくさんの出会いを求めたほうが、きみの成長が早まるってことなんだよ。

1日24時間、みんな同じ時間しか持っていない。

人生、たくさんの人と出会って、いろいろなことを経験したほうが、ずーっとお得だと思わないかい？

嫌いな人やピンチにあったら、
ラッキーチャンス！

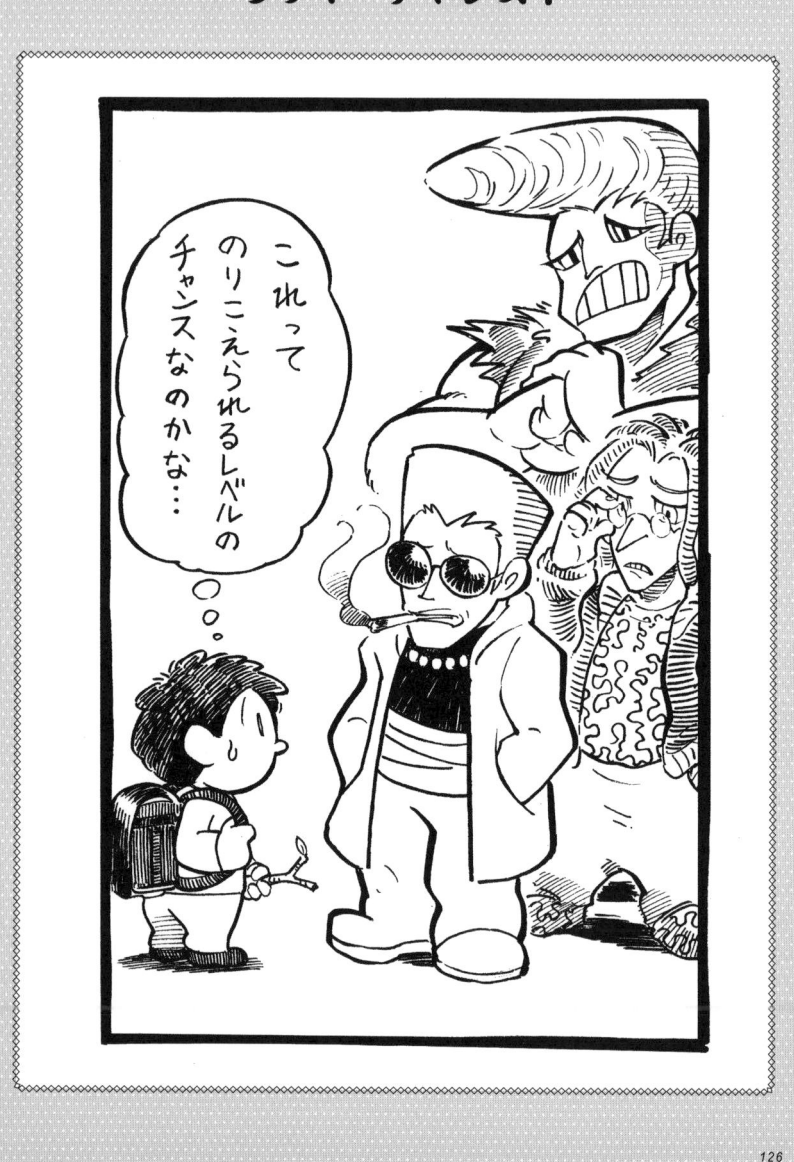

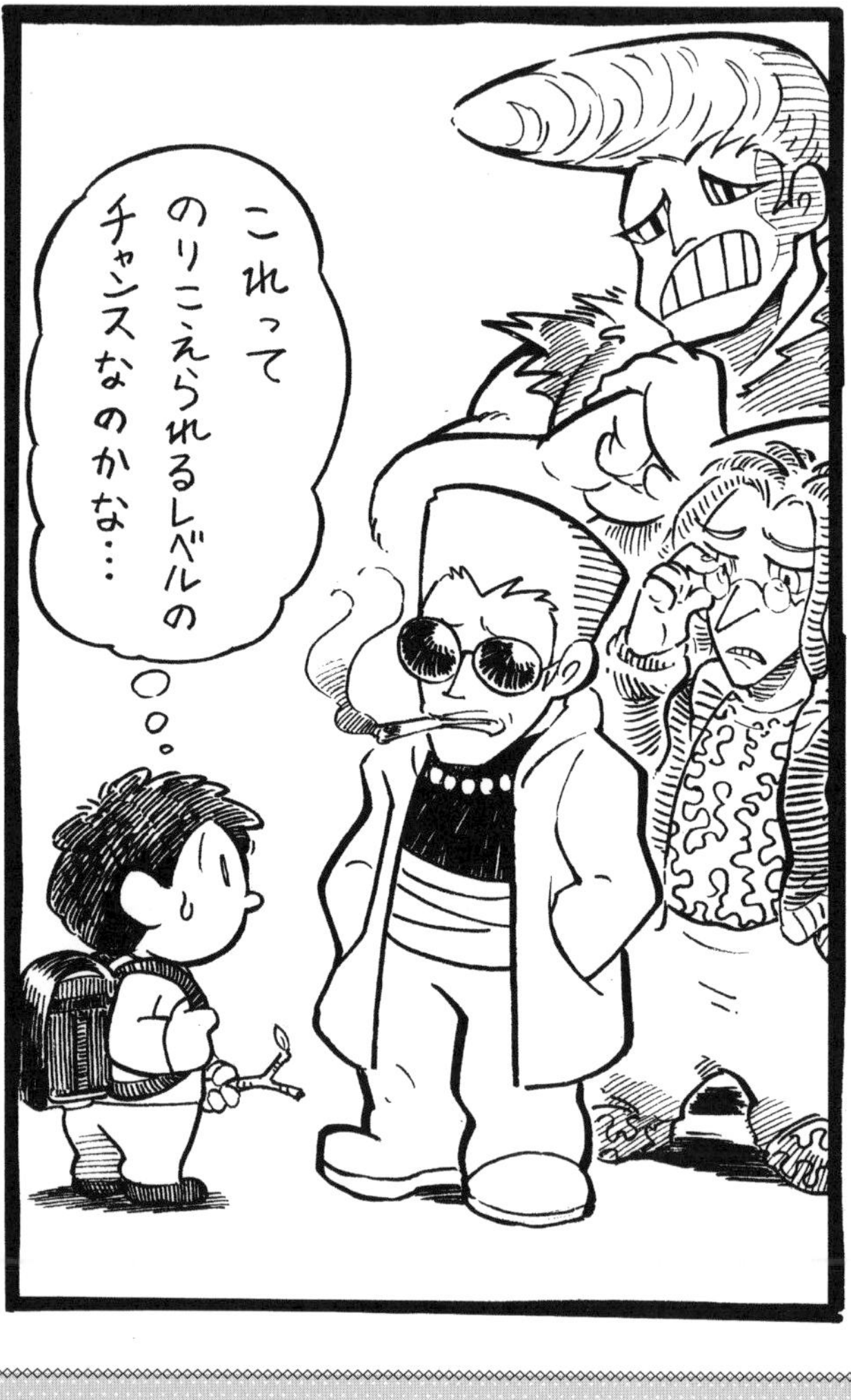
これって
のりこえられるレベルの
チャンスなのかな…

「自分に必要な人と出会う」って言ったけど、それはなぜかと言えば、「思い」の力が働くからなんだ。

今、地球上でもっとも速いものといえば「光」だよね。

でも、じつはこの光を超えているのが、思い。つまり愛。

愛は、最速！

たとえば、「ゆきこちゃん、どうしてるかな？」と思ったら、その直後に電話やメールがきたなんて経験がある人もいるだろう？　こんなふうに、思ったらその場所に瞬間で届く、それが愛なんだよ。

だから、きみに必要な人には、先に愛が届いている。その後、現実に出会っているんだ。

あたかも、はじめて会ったかのように感じるけれど、じつは、愛が先に飛んでいるわけ。

これは、嫌いな人でも苦手な人でも、どんな出会いでも同じ。どんなにネガティブな人間関係だって、必要な出会いだからね。

言っておくけど、きみにとって、「いい人」も「悪い人」もいないよ。

どんな人だって、きみにとって大事な人。

あえて言うなら、嫌いな人に出会ったら、ラッキーチャンス！

ものすごくジャンプアップできる相手と出会えたってことだから。

苦手な人と出会ったら、「この状況をどうすればいい？」「私はどうしたい？」って、自分に問いかけてみて。

これは苦手な人だけじゃなく、苦手な状況、ピンチな状況でも同じことが言えるよ。

たとえば、新しい職場で、なかなか周りの人と打ち解けられず、寂しい思いをしているなら、「人見知りだから、私はいつも仲間に入れない。でも、このままでいいの？」とか「みんなと一緒に楽しく過ごしたいな。じゃあ、どうすればいい？」って、自分に聞いてみる。

必ず、自分の心が答えをくれるから。

「仲間に入りたい！」と思ったら、「よし、今日こそ自分から声をかけてみよう！」って行動に移すだけ。

でももし、声をかけて、断られたときは？

「私、嫌われているかも……」なんてヘコんじゃう？

違う違う〜！

「1回断られたからといって、私自身が全否定されたわけではない。またチャレンジしてみよう」

「いきなり声をかけたから、さすがにビックリされちゃったかな。だったら、自分のことを知ってもらうことからはじめてみよう」

こんなふうに、「事実」だけを見て「対策」を考えればいいだけ。

嫌いな人や苦手な状況こそがラッキーチャンスだっていう理由は、それを乗り越えて、次に行こう！　ってサインだからだよ。

せっかくのチャンスを、ネガティブな感情に巻き込まれて台無しにしたら、もったいないよ〜。

ネガティブな感情を、丁寧に一つひとつ見ていくと、じつは自分がつくりあげた虚像だったってこともわかるはずだよ。

いちばんチャンスを台無しにするのは、な〜んにも行動しないってこと。

自分と相手を知る
最大のチャンスが、恋愛だよ

家でゴロゴロ
テレビとスマホ
同時に見てるけど
背中だけはチャーミング

ようこのところにはいろんな人が相談にくるんだけど、いちばん多いのが「私、いつも不幸な恋愛しかできないんです……」とか「私、恋愛体質じゃないの」なんて、恋愛に臆病になっている人。

恋愛って、あんなことやこんなことをするんだろう？　ワンネスしか知らないぼくからしてみたら、大興奮だよ！

この地球でたくさん恋愛をすることは、人を見る目が養われるから、すごく大事なことなんだ。

恋愛を重ねた人ほど、失敗したときは「今度は違うやり方でアプローチしよう」って、次の手を決めることができるよね。

これって、人生と一緒。

ハッピーな人生は、どんな状況でも冷静な目で判断できること、そして目標へ向かうためにいろいろなアプローチを工夫することで成り立っていくんだ。

これができるようになると、魂の免疫力が高まって、ハッピーな人生を乗りこなす体と心ができあがるわけ。

そのためのヒントが、恋愛っていう経験につまっているんだよ。

でも、好きになる人はいつも女グセが悪い、酒グセも悪い、ギャンブルグセもある……。

そんなダメ男とばっかり恋愛していたら、自分はよっぽど恋愛偏差値が低いんだって悩むよね。

でも、はっきり言っておくけど、この地球上に、ドラマのようなロマンチックな恋愛なんて、ない。

あるとしたら、きみの頭のなかだけだよ。

ダメ男が悪いわけじゃない。恋愛の仕方が悪かったってだけ。

ダメ男には、ダメ男なりの愛し方ってのがあるんだ。

たとえば、働くのが嫌いで、お金を稼いでこないけど、優しくて料理上手な彼の場合。そんな彼が好きだったら、「お金の面倒を見てあげる」のが愛し方じゃない。彼の手料理が食べられることに喜びを感じたり、彼の優しさに幸せを感じてみたりするのが、彼への愛し方なんだ。

頭のなかの恋愛と現実を比べるのではなくて、その人のいいところだけ見てつき合えばいいんだよ。

ダメ男を好きになる自分がダメってことじゃなくて、ダメ男との関わり方がダメだったってこと。

それがしんどいって思うなら、やめればいい。そういう恋愛をしたいか、したくないか。それはきみ次第だよ。

自分が傷つく恋愛をしたくなければ、もっと自分を知ることが大事。

ダメ男って、見た目と中身がマッチしていないことが多いんだ。

外見に力を入れている「オシャレアピール男」は、中身がなくて浅はかだし、威圧的で「俺についてこい男」は、自分に自信がない。饒舌《じょうぜつ》な「ユーモアアピール男」は、思慮深さがない。

どれも自分に自信がないものを裏返してアピールしているわけ。つまり、自分を偽って、誤魔化しているってこと。

そしてね、そういう人に惹かれる女性もまた、自分を偽っているんだ。

そんなのウソの恋愛だよね。だから、別れるか、つらい恋愛かのどっちかしかないんだよ。

精神的なつながり？
肉体的なつながり？
そこんとこハッキリしよう！

恋愛と言えば、セックス！　肉体があるからこそ味わえる快感だよね〜！

ぼくには体がないから、セックスの感じはよくわからないんだけど、でもその意味はわかる。そういう意味で言うと、みんなはセックスのこと、ちゃんとわかっていないんじゃないかな？

つまりね、「性欲が高まっているからセックスしたい」のか「精神的なつながりを確認するためにセックスしたい」のか、どっち!?　ってこと。

ここをハッキリさせておかないと、「本当に私のこと好きなの？」とか「私は遊ばれた!?」とか「私のこと捨てないで！」なんて昼メロっぽいドラマになっちゃうよ。

簡単に言うと、精神的な関係なのか、それとも肉体的な関係なのかで、セックスの味わい方も違うってこと。

前章で人間をスマホにたとえたよね。「体＝スマホ」「魂＝ＳＩＭ」って。

それで言うと、私があなた、あなたが私っていうように、お互いのＳＩＭを交換できるような関係、つまり相手のいいところも悪いところもすべて受け入れ合える関係なら、「精神的な関係」と言える。最強の関係だよね。

結婚していようが、していまいが、こういう関係は、テレパシーで通じ合えるようなところがあるんだ。たとえ会っていなくても、相手のことがわかるっていうようにね。
そういう場合は、限りなくワンネスに近いから、セックスレスでも別れない。

他方、私は私、あなたはあなたというように、「個」を尊重する関係は「肉体的な関係」ということ。だから、互いに性欲の相手と割り切って考えればいい。「気も合うし、体も合う」って心地よさを、とことん楽しめばいいんだ。
でも、そんな相手と結婚をする場合は、地球のルールなんて持ち出さないようにね。ここを間違うと、昼メロドラマにはまってしまうよ。

つまり、浮気をしても、されてもお互いに文句はなしってこと。

「そんなふざけた話あるか！」って思うかもしれないけど、そもそも「肉体的な関係」、つまり性欲の相手なんだから、相手がほかの人に性欲がわいたって文句は言えないよね。それなのに地球のルールにとらわれて、「つき合っているのに」とか「結婚しているのに」なんて考えはじめたら、どんどん複雑な関係になってしまうよ。
そういう関係の2人が結婚するときは、お互いの個を大切にすることを忘れないようにすればいいんだ。

でもね、周りに迷惑をかけず、誰の時間を奪うのでもなく、お互いの許可のもとでおこなわれる関係だったら、何をしてもいいと思うんだ。

誤解を恐れずに言えば、不倫だって、セックスフレンドだって、お互いが満たされていればかまわない。

また、体外受精児などセックスなしで生まれてくる子どもも増えてきて、家族のあり方は、どんどん変わっていく。血のつながりや体のつながりにこだわらない、家族のかたちができてくるんだ。

宇宙には、バーチャルで同時多発的に同じ人（人じゃないけど）がいろいろな場所に出没できる星もあって、離れていてもそばにいるかのように体感できる星もあるんだよ。だから「会えなくて寂しい」なんて悩みもない。

でも、体はないから、セックスはできないんだよね〜。セックスって、地球人ならではのつながる方法なんだよ。

これからは個性の時代。
自分を発酵させて、熟成させよう！

子どもは「ママを選んで生まれてくる」って言われるよね。たしかに、「このお母さんのもとで、今世をまっとうしたい」と、親をしっかり観察してから生まれてくる子どももいるけれど、アパートを探すみたいに、自分の使命（目的）と条件に合う親なら誰でもＯＫ！って生まれてくる子どもたちも少なくはないんだ。

たとえば、「地球には1年くらいの滞在でいいや」って生まれてくる魂もいるし、「退屈だったら、すぐ帰ろう～」っていう感じで地球にくる魂だっているんだよ。

ちゃんと自分の使命を持って、それをまっとうするために親を決めて生まれてくるような魂は、じつは何度も生まれ変わりをしているんだ。

地球がどんなところかがちゃんとわかるまで、比較的寿命の短い国に生まれて「肉体を持って生きることは大変だ……」って、生存本能に直結するトラウマを魂に刻み込む。そして、50～３００回くらい輪廻転生を繰り返しながら、寿命の長い国に生まれて、使命をまっとうするための親を慎重に選ぶようになる。

日本にやってくるような魂は、一般的に80～１００歳まで生きることを希望して、衣食住もそれなりに確保できるという条件をクリアした上で、それぞれの使命をまっとうするための青写真を持ってやってくるんだよ。

そういう意味では、日本に生まれた魂は、ハイブリッド！

誤解しないでほしいのは、どこに生まれた魂でも、どっちが上とか、偉いとか偉くないっていうのはない。ただ目的が違うってこと。

日本人の魂は、ハイブリッドなはずなのに、それに気づいてない人がすっごく多い！

その原因のひとつは、親。

もちろん、使命を果たすために、自分で選んできた親なんだけど……想像以上にやっかいな親ってこともあるわけ。

どんな親か、ひと言で言うと、過保護、過干渉な親だ。

そもそも日本は、奴隷制という文化に馴染みがないから、「人の言いなりになること」を想定して生まれてくるような魂はいないんだ。それなのに、親があまりにも自分の意見を押しつけて、その魂の自由を奪うと、子どもは「こんなはずじゃなかった！」って引きこもりになってしまうこともある。

もっと言うと、親だけじゃない、学校や社会だって、どんどん価値観を押しつけてくる。

子どもにしてみると、あれもダメ、これもダメ、何を言っても怒られる……。地球って、いったい何なの!? って思うよね。

たとえば、「ユーチューバーになりたい！」って子どもが言ったら、「現実はそんなに甘くないぞ」なんて怒られたり、「バカなこと言ってないで、勉強しなさい！」なんて親に言われてしまうだろう？

ぼくに言わせたら、そんなのただの無知な親だ。だって、ユーチューバーの面白さを自分が知らないってだけで、反対しているんだから！

その上、学校では「1日5時間は机に向かうこと」とか「受験は甘くないぞ！」なんて、命令や脅しみたいに言われる。

もう一度言うけど、日本に生まれてくる魂は、人の言いなりになることを想定していません！　だから、そんな環境にいたら、鬱《うつ》にも引きこもりにもなっちゃうよ。

親や学校に嫌気がさしている人たちにぜひ知ってほしいのは、「自分を腐らせず、発酵させて熟成させよう！」ってこと。

たとえば、「ああ、もう俺はダメだ。親とも友達ともうまくいかない。これじゃあ社会の落ちこぼれだ、お先真っ暗だ、何もする気力がない……」なんて考え出したら、どんどん落ち込んで腐って、立ち直るのが難しくなるよね。

そういうときは、考え方を発酵させるんだ。

「学校の授業なんてくだらない。じゃあ、俺は何を学べばいい？　学校で学べないものを学ぼう！　俺の好きなこと、やりたいことは何だ？　学校に行かなくても、どんどん好きなことに没頭してみよう」

って、自分自身をどんどん深めていくんだよ。

「なぜ自分は周りに順応できないのか」を考えるのではなくて、「いったい自分はどうしたいのか」ってことに焦点を当ててみるんだ。

「みにくいあひるの子」って物語があるだろう？　自分だけほかのあひると色が違うから、きょうだいからもお母さんからも邪険にされてしまうけれど、成長したら美しい白鳥だったって話だよね。

この話のように、今は周りと合わなくても、自分の好きなことをやりはじめたら、自分は本当は白鳥だったってこともあるんだよ。

人と違うことは、悪いことではないんだ。
人と同じようになりなさいって言うほうがおかしいんだよ。

自分を責める必要なんてない。自分がくだらないと思っている社会に戻る必要もない。
そんなことより、自分の個性を極めよう。
だって、これからは個性の時代なんだから！

自分の考えを発酵、熟成できたなら、きみだけの突き抜けた人生を歩むことができるはずだよ。これこそが、体を持った「個」の喜びを味わうってこと。それが魂の喜びのはずなんだ。

ちなみにね、ぼくが惑星ゼロに戻ったとき、ワンネス会議でよく聞くのは、「親の思いどおりにしなくちゃいけなくて、つまらなかった〜」って話。
人の言いなりになるって、宇宙規模で魅力がないってことさ。

ものわかりが悪い「古いOS人間」と、新時代を生きる「新しいOS人間」

パワーハラスメントがよく問題になるけど、それこそまさに「古いOS人間」の産物！

まだそんなことやってんだ〜って感じだ。

でも、そんなパワハラの時代も、もうすぐ終わりを告げるよ。

これから生まれてくる子どもはもちろん、今の若い人たちも、そろそろ新しいOSを搭載しつつあるからね。

理不尽な出来事でパワハラを受けても、自分の意見をしっかり言えるように進化しているんだ。

たとえば、「お前、のろのろしやがって！　やる気あんのかー!?　そんな態度なら辞めろー！」なんて上司に怒鳴られたとき、「古いOS人間」なら、「くそ！　なんでいつも俺を目の敵《かたき》にするんだ。お前こそ、辞めちまえ〜!!」なんて心のなかで毒づくのが関の山だよね。

でも、「新しいOS人間」は、全然違う。

「○○さんには、そんなふうに見えるんですね。ぼくはお客様に失礼がないように、しっかり確認してからやっているので、みんなより仕事が遅く見えるだけだと思います」な〜んて感じ。


つまり、本質がわかっているっていうこと。

仕事を潤滑《じゅんかつ》にこなすために必要なのは、部下を怒鳴ることでも、辞めさせることでも、どやすことでもないってことがわかっているんだ。

「新しいOS人間」が、「古いOS人間」に対して、「これからは、こういうやり方のほうがうまくいきますよ」っていうことを提案できる時代になってきているわけ。

読者のなかには、自分はまさに「古いOS人間」だ！　と愕然《がくぜん》としている人もいるよね。そういう人は、「新しいOS人間」という、未知なる人種にどう対応すればいいか。

それは、理解しようと思わないこと。

古いOSは、新しいOSの機能を搭載していないんだから、わかるはずないんだよ。あの手この手で試しても、しょせん古いOSで考えた小手先の策は、新しいOSに見抜かれるはず。だから、余計なことはしないで、**ただただ、まっさらな気持ちで、相手が何を伝えようとしているのか、耳を傾けることが大切なんだ。**

「古いOS人間」から見ると、彼らはときにやる気がないように見えることがあるかもしれない。繊細過ぎて頼りなく見えるかもしれない。

でも、古いOSの物差しで見ているかぎり、新しいOSを理解することも、心を開いてくれることもないと思ったほうがいい。

一方で、ぼくこそは「新しいOS人間」だ！　と思っている人は、ものわかりの悪い「古いOS人間」にどう対応したらいいだろう。

それは、彼らからもらった知識や情報、スキルなどに、まず疑問を持ってみること。そして、相手は自分を思いどおりにしたいだけなのかどうか、それとも愛情から伝えてくれたことなのかを見極めること。

「古いOS人間」がどんなに堅物で、言葉が足りず、口が悪かったとしても、愛情がないわけじゃない。伝え方は人それぞれだからね。

「古いOS人間」の言動に愛情があるかどうか、本当に自分のことを親身に考えてくれた言動なのかどうかは、「自分のこと、コントロールしていないか？」って考えてみたら、見えてくるよ。

肉体を持っているから、愛が伝わらない！
愛をたくさん受け取る方法

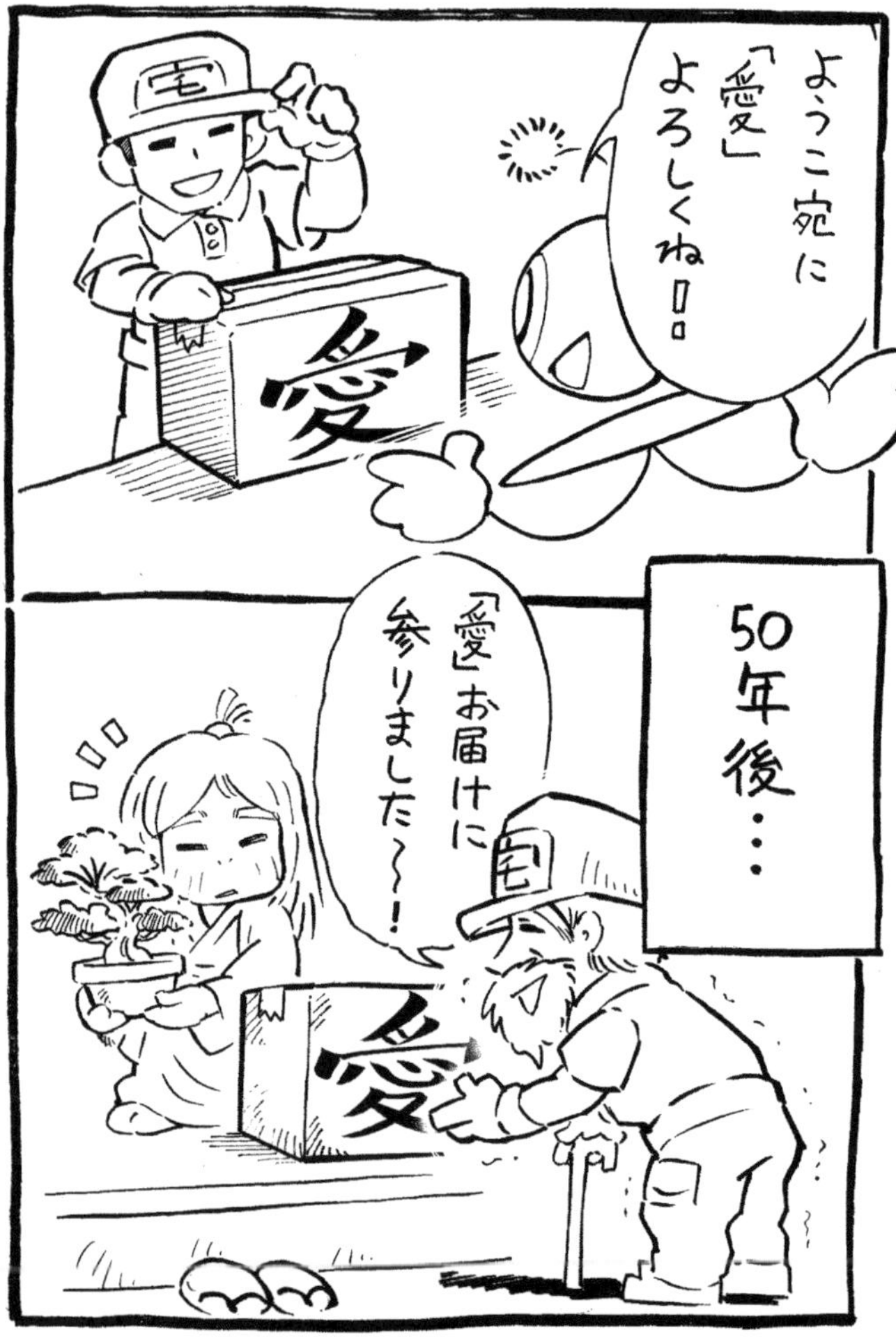

じつは、愛情ってなかなか受け取るのが難しいんだ。

というのも、愛を理解するまでには時間がかかるから。

たとえば、高校生のとき、お母さんが毎朝早起きしてお弁当をつくってくれたとする。当時は感謝をしても、本当の意味でお母さんから愛されていたと思うのは、自分が親になって子どものお弁当を早起きしてつくったときだったりするよね。

どんなに忙しくても、睡眠時間を削ってでも、毎朝お弁当をつくってくれた……。それが大きな母親の愛だったってことに気づいたとき、本当の意味でお母さんの愛を受け取ったと言えるんだ。

肉体を持っていると、「個」が優先されるから、どうしても自分一人で、自分の力で生きているような感覚になってしまう。

だから、愛って素直に伝わりにくいんだ。

愛されていたって腑《ふ》に落ちるのは、時間が経ってからなんだよ。

この前、肉体が亡くなって、まだ間もない魂と話をしたんだけど、その魂は、50代のサラリーマンで、病気でこの世を去ったんだ。

彼は、死後に自分の家族の様子を見て、ビックリしていた。「何なに？？　どうしたの⁉」って尋ねたら、なんと彼は、「妻があんな優しい人だとは知らなかった……」って絶句しているわけ。

奥さんはいつも怒ってばかりいたから、今頃は「私を置いて逝《い》くなんて、なんて人なの‼」ってプリプリ怒っていると思っていたらしい。

でも、想像に反して、「あなたが好きだったお餅よ」なんて、仏壇に彼の好物をお供えしながら、優しく話しかけていたんだ。その姿に、彼はビックリしていたわけ。

そのときになってはじめて、彼は奥さんがとても優しい人だってことがわかったって言うんだ。

こんなふうに、人間ってエゴが邪魔をして、優しさが見えなくなってしまう。でも本当は、いつもたくさんの優しさや愛をもらっているんだ。それが現実なんだよね。

でも、自分が死んでから家族の愛に気づくなんて、いくらなんでも遅過ぎだろう？　たくさんの人が自分に向けてくれている愛は、早く受け取りたいよね。

そのために覚えておくことは２つ。

ひとつは、本音で厳しい言葉を言ってくれる人を大切にすること。

よくドラマで見るんだけど、娘の結婚を頑として許さない父親が「勝手にしろ！　もうお前なんかしらん！」ってそっぽを向く。顔をそむけている父親に向かって、娘は涙をためて言うんだ。「お父さん、ありがとう。私は陽介さんと幸せになります」

そして結婚相手と家を出ていく……。感動的だね～！

お父さんが意固地になっているのは、娘を愛しているから。

その父親の愛を、娘は受け取りつつ、自分の愛をまっとうするために家を出ていくわけだよね。

こんなふうに、愛って必ずしも、美しく優しく、きれいな言葉で表現されるわけじゃないってこと。

「そこでふてくされるのは、間違っているよ」

「それは優しさじゃないよ。相手の顔色をうかがっているだけだ」

「人に頼らないで、自分で考えて」

なんてズバッと本音で話してくれる人の言葉にこそ、愛があるんだよ。

それがどんなに厳しい言葉、耳に痛い言葉だったとしても、もしまた何かあったら、その人に相談してみようと思うに違いない。何もなくても会いたいと思うに違いない。

だって、自分のことを思って真剣に叱ってくれた人との信頼関係は、どんなに叱られても、けっして崩れないから。

人間って、愛情を感じた人のことは、忘れないものなんだ。

2つ目は、「きみを愛しているよ」「ちゃんと見守っているよ」って、口に出して言うこと。

愛って、そもそも言葉にしなくても伝わるものなんだ。だって、愛はテレパシーだからね。でも、ちゃんと気持ちを言葉にして伝えたほうが手っ取り早い。

とくに日本人は「愛してる」なんて、言わない国民だろう？　それは、わざわざ言わなくても、相手にちゃんと伝わっているってことを知っているから。

つまりテレパシーを知っている国民だからなんだけど、でも、正直に言ったほうが、早いし確実だよね？

だから、これからはちゃんと言葉にしていこうよ、命は有限なんだから！

有言実行を心がけていると、相手は「本当にちゃんと見てくれているんだ！」ってきみの誠実さを感じて、本当に愛されていることを理解するようになるんだよ。

ちなみに、「愛している」って連発する国民もいるだろう？　アメリカ人とかイタリア人とかフランス人とか……。

彼らは毎日、ことあるごとに「I love you」ってことを言うよね。

それは、ちゃんと言わないと、関係が続かない国民性だから。言い方を変えると、「I love you」を言っている間は、2人の関係は続いているよって確認し合っているわけ。

日本人には言霊があるんだから、確認のためじゃなくて、たくさんの思いを込めて言おうよ。「愛してる～」って。

「人の気持ちになって考えなさい」はナンセンス！

「人の気持ちを考えなさい」って言われたことが、みんな一度や二度はあるだろう？　まるで人間関係のルールみたいに言われているよね。

でも、ぼく、この言葉を聞いてぶっ飛んだよ！

え〜！　きみたちって、人の気持ちを考えたら、わかるの!?　って。

人の気持ちを、考えてみて……想像してみて……それ、正解なの？

その想像が合っていたかどうか、ちゃんと相手に確認した？

たとえば、1カ月間、何も食べていない人の気持ちって考えたことある？

そりゃあ、お腹がすいているだろうから、「何か食べたいに違いない」って単純に思うかもしれない。でも、人間、そこまで食べていなかったら、もう食欲なんてないかもしれないよ？「何か食べたいに違いない」なんて発想は、たかだか1食抜いた人の考えに過ぎないわけ。


人はみんな、自分の価値観でしか想像できないんだ。


だから、「人の気持ちを考えなさい」なんて、ナンセンスなんだよ。

それって、優しいフリして、自分の思い込みの押しつけかもしれないよ。

価値がどんどん新しく転換していく今の時代に大切なことは、自分を信頼するということ。

相手の気持ちをあれこれ考えるよりも、自分自身を信頼することのほうが大事なんだ。

なぜなら、自分を信頼できる人は、相手のことも信頼できるから。

だから、どんな状況であっても、その人にとっては最良最善の人生を送っているんだって、相手の存在を認めることができる。敬意を払うことができるわけ。

ところが、自分を信頼していない人は、相手のことも信頼できない。だから、つねに相手も自分と同じように、いろんな不安や悩みがあって、不幸が訪れるに違いないっていう前提で見てしまう。

これってすごく失礼じゃない？　余計なお世話だ。

いちいち「あの人はどう思うかな？」「悪く思われないかな？」なんて、相手の気持ちを考えていると、いつの間にか、自分のことも相手のことも見失ってしまうよ。

ただし、共感は大切。

共感とは、共に感じること。

たとえば、映画を友達と観に行って、「あの花見のシーン、感動した〜」って友達が言ったとする。そのとき、自分の感想は置いておいて、「花見のシーンに感動したんだね〜」って、まずは相手の気持ちを受け入れてみる。

人は、自分が受け入れられたとき、はじめてその人に心を開くんだ。

それを、相手に嫌われないようにと「私も花見のシーンに感動〜」なんてウソをつくと、人間関係がこじれちゃう。

「そんなちょっとしたことで⁉」って思うかもしれないけど、ちょっとした日常生活のなかで、自分の本心を誤魔化したり我慢したりしていると、そのうち「私はあなたのことをこんなに考えているのに、なんであなたは応えてくれないの⁉」って、人間関係がどんどんややこしくなってしまうんだ。

「相手の気持ちを受け入れる」ことは大事だけど、「人の気持ちになって考える」ことは必要ない。

つねに、自分の気持ちに正直に生きる。そして、そんな自分を信頼することが、シンプルで気持ちのいい人間関係を築くコツなんだよ。

自然現象の変化をキャッチして。それだけで体調は整えられる

注：月の形でこのように反応するのはようこだけです◎

体が弱かったり、ケガが多かったり、いつもあちこちが痛くてシンドいとか、体を持っていると大変なこともあるよね。

いつも体のどこかが不調だっていう人は、だいたい2つの理由があるんだ。

ひとつは、自然のリズムと無関係に生きている人。

いつも睡眠不足だったり、昼夜逆転の生活だったり、自然のリズムに逆らった生活をしている人はたくさんいるよね。

でも、地球は、宇宙に浮かぶ天体のひとつ。だから、潮の満ち引きや出産、生理も影響しているし、細かく見れば一日の時間や年間の日数なんていうのも、みんな宇宙の影響を受けている。宇宙のリズムに反していると、健康に悪影響が出るのは当然のことなんだ。

原因不明のイライラや体の痛み、ダルさがあるとしたら、宇宙の影響を受けている可能性もある。

宇宙からのサインを無視して、体を酷使してがんばったり、不摂生な生活をしていると、知らず知らずのうちにストレスがたまって、病気の原因をつくってしまうんだよ。

日々の生活のなかで、なんとなくキャッチした体の感覚や直感には、素直になることが大切。

ちゃんとキャッチして従っている人は、たいてい病気にはならないものなんだ。

もうひとつ、病気になりやすいのは、小さい頃、病気になるたびに親が優しく接してくれたっていう人。

そういう人は、病気になったほうが幸せという思い込みがあるんだ。

つまり、看病をしてもらうことによって愛情を感じるというサイクルができてしまうと、それが心に植えつけられて、無意識に病気を引き寄せてしまうんだよ。

頭では病気になりたくないと思っていても、潜在意識では病気を望んでいる、そんな矛盾が起きていることもあるんだ。

親に優しくしてもらった記憶が、病気を引き寄せてしまうっていう人は、愛情に飢えている人とも言える。そしてそういう人は、子どもよりも、大人のほうがだんぜん多い！

というのも、「スキンシップ＝愛情」と思っている大人は多くて、それでいて「自分はスキンシップしてもらっていない……」と思い込んでいたり、そんな記憶が少なかったりするもんだから、どんどん愛情不足を感じて病気を引き寄せてしまうわけ。

でも、今の子どもたちは、スキンシップこそが愛情だ！　なんて思っていない。それよりも「みんな一緒」っていうワンネス感覚を持っているから、愛情の受け取り方も、大人よりも自由で多様なんだ。

もちろん、スキンシップは愛情を育てる基礎だから、なくてはならないものだけど、今の子どもたちは、離れていても愛情を受け取れる感覚があるんだ。

オンラインゲームなんて、まさにその代表！　離れた場所で、顔も知らない人同士で、めちゃめちゃ盛り上がっているだろう〜!?　あれは、時間や空間を越えた仲間とつながれるっていう意識を、互いに共有できているからなんだ。

ゲームは、ワンネスだ〜！

……なんて言っても、残念ながら、ママに怒られるだけだと思うけどね。

Good luck!

死とは、体を宇宙にお返しすること

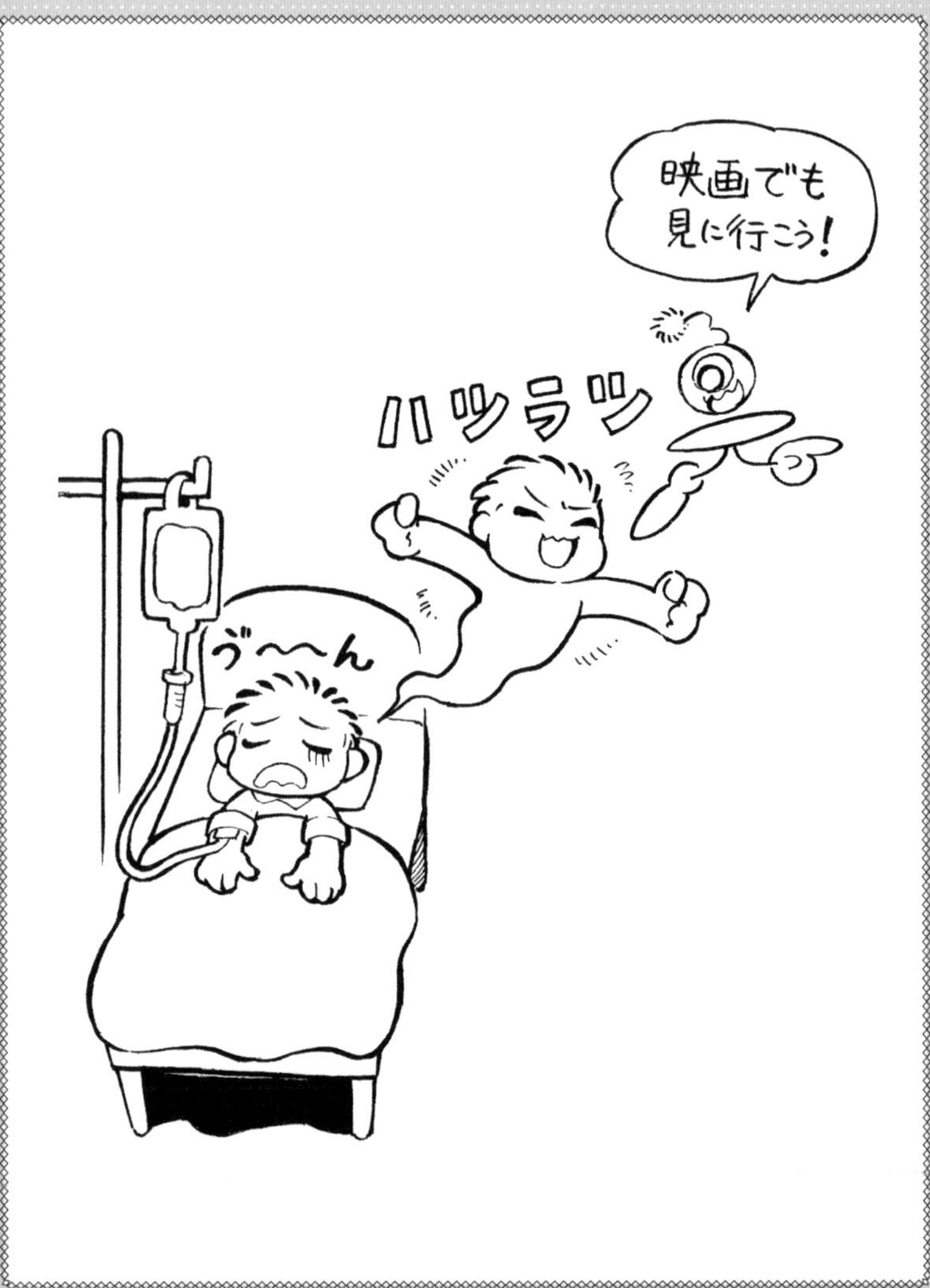

地球人って、死についてのイメージが悪いよね。死は悲しいもの、つらいもの、永遠の別れ……って感じだろう？

みんなが死に恐怖を抱くのは、当たり前のこと。だって、そもそもきみたちのOSに「死は怖いもの」ってプログラミングされているんだから。

最近はどんどん寿命が延びてきているけど、かつては50年も生きられたらハッピーなんて時代もあったよね。

一生が50年だよ⁉　やり残したこと、思い残すことがたくさんあったはずだ。

そういう強烈な執着の想念を持って死んでいった時代が長かったから、「死は怖いもの」って記憶がプログラミングされたわけ。

「人生、何もかも、やり切った〜‼」

って叫んでいる自分を、想像してみてよ。

楽しむだけ楽しんで、何もやり残したことはないと思えたら、「そろそろ体をお返ししようかな」って思えると思わない？

そもそも体は地球で生きるためのスーツのようなものだ。それがわかってくると、「そろそろ宇宙に戻る時期だから、体を宇宙に返却します」「レンタル期間終了～」なんて考えられるようになるはず。

ずっとずっと先の未来、みんながそういう感覚を自然に共有できるようになる頃には、「このまま生き続ける？」「それとも、そろそろ体をお返しする？」って、もっとラクに選べるようになると思うよ。

死の恐怖っていうのは、健康な人より病気やケガでつらい思いをしている人ほど強いかもしれないけど、意識が朦朧《もうろう》としている人は、じつは死の恐怖ってないんだ。

どっちかと言うと、体そのものは、どんどんラクになっているくらいだ。

と言うのも、意識が朦朧としているときは、幽体離脱をしている半物質化状態だから。

体はベッドに寝ているけど、魂はその辺をフラフラとさまよっていたりするんだよ。

ぼくは、ときどきそういう魂に話しかけられることがあるけど、「あなた、この辺では見たことないわね～。どこからきたの？」とか「今日は娘のところに会いに行ったのよ」なんて、実に楽しそうに話す人も多い。

彼らは幽体離脱して時間も空間も越えて、自分の子どもが小さいときに戻って、子どもを抱っこしていたりすることもあるんだよ。

彼らは目が覚めたとき「ああ、夢を見ていた」って思うんだけど、実際は自由に好きな時代を行ったりきたりしているんだ。

そんな魂たちが、口をそろえて言うのは、「こんなにラクちんだなんて、死ぬのが怖くなくなった〜」ってこと。

周りから見ると、闘病中の彼らはシンドそうに見えるかもしれないけど、そんな印象からは想像もできないくらい、魂はそのときを迎えることに幸せを感じているものなんだよ。

年収2000万円のレベルで
生活してみると、
自分の価値が見えてくる

人間って、だいたい年収2000万円に相当する生活ができるようになると、強欲な気持ちがなくなって、穏やかに暮らせるんだ。行きたいところに行き、欲しい物を買い、好きなことができるっていう欲を十分に満たせる額が、2000万円ってこと。

2000万円！　そんな収入も貯金もないって人は多いよね。

でも、それは「お金」だけを見ているからだよ。

たとえば、家を持っている人なら家の価値がある。親切なご近所さんがいて、ときどき野菜をもらえるというなら、その野菜とご近所さんの優しさの価値がある。ネットで買い物をしたなら、実際に買いに行く場合と比べて、節約できた電車賃と時間の価値がある。おいしい手料理を家族につくったなら、愛情たっぷりの食卓に価値がある。友達と楽しい時間を過ごしたなら、たくさんの情報と癒しや笑いをもらった価値がある……。

こんなふうに、自分を取り巻くものの価値を換算してみると、2000万円くらいになるんだよ。

お金じゃないものの価値を換算してみると、みんな年収2000万円と同じ価値の生活をしているって自覚することが大事。

家に引きこもってばっかりで、友達もいないし資産もない。自分は人に何かしてあげる能力もなければ、人に何かしてもらえるほどの人徳もない……なんて落ち込んでいる人がいるとしたら、それは自分の価値にすら気がついていないってこと。

自分の価値がわからない人が、自分以外のものの価値なんてわかるはずないんだ。

「2000万円を稼げば、人は幸せになれるのか！」なんて誤解しないでね。そう思ったとたん、「お金」のことしか見ていないってことになる。

2000万円に相当する「価値」が大事ってこと。

お金をもっと欲しいと思っている人はすごく多いけど、ぼくが見るかぎり、お金の正しい使い方を知らないから、お金に困ることになってしまうんだ。

お金はね、欲しいものを買うために使うんじゃないんだよ。

幸せになるために使うの。

自分に足りないものを埋めるために使うんじゃないんだよ。

自分が持っている可能性を伸ばすために使うの。

たとえば、夏休みに家族でハワイに行こうとしたとする。

「友達がみんな海外に行くから、うちもハワイくらい行こうか」じゃない。

「今まで以上に家族の笑顔を見たいね！　最高の時間を過ごすためにハワイにしようか」っていうこと。

前者は、見栄というエゴのためにお金を使っていて、後者は家族の幸せを最優先にお金を使っているってこと。

お金がないないっていつも心配している人に共通しているのは、見栄を張ってお金を使ってしまっているってこと。

つまり、自分にないもの、足りないもの、カッコ悪さをお金で埋めようとしている人が、いちばんお金を失ってしまうんだ。

でも、これ、ほとんどの人は気づいていない。だから、たくさんの人がいつもお金の心配ばっかりしているんだね。

そして、そういう人は、自分の価値をちゃんとわかっていないから、出ていくばっかりで、入るお金も少ないんだよ。

自分の「可能性」を担保にして、未来をつくる

宇宙の進化のプロセスから考えると、これからは利益を追求するような仕事はすたれ、愛や真実に基づいた仕事が中心になっていく。

お金に対する価値観が、この10～20年で大きく変わるのは必至で、現金を持って買い物をする人は少なくなるだろう。決済はコンピューター上かクラウド上に変わり、仮想通貨もどんどん発展するから、この流れは止められない。

現金の流通が少なくなるなら、銀行はつぶれるのかって言えばそうじゃない。

お金っていうのは「貨幣」であると同時に「愛のエネルギー」でもあるから、けっしてなくなることはないんだ。

銀行は人気企業ランキングでつねに上位になるけど、そのあり方は大きく変わっていくはずだよ。

たとえば、今銀行に融資をお願いしに行くと、担保がないかぎり、ほとんど貸してくれないよね？

でも、これからは、担保がなくても融資してくれる社会に変わっていくんだ。

担保の代わりになるのが、借りる人物の可能性。

可能性？

そんなのどうやって銀行が見極めるのかって思うだろう？　それが科学の進歩によって見極められるようになるんだ。

たとえば人の遺伝子情報から可能性を数値化して、事業成功率、回収率なんてものが数字で表せるようになるとかね。

今はお金がなくても、返済能力がある人なのか、ない人なのかが一目瞭然になる世のなかになるってこと。

そうなったら、たくさんの人の夢を実現するために、銀行が投資してくれる社会になるよね。

たとえば、教育を受けられない貧しい子どもの遺伝子情報を見たとき、「将来ハリウッドの大女優になる可能性が高い」なんて結果が出たら、その子どもに1億円を投資しようって銀行が出てくるかもしれない。

貧乏だからできないとか、お金がないから信用がないとか、そういうことで判断されるのではなく、人そのもので判断されていくようになるんだ。

ということは、今10億円持っている人でも、浪費癖がある上に、計画性も協調性もなく、事業をつぶす可能性が高いとわかれば、銀行は投資をしないということにもなる。

「現実でもないこと、起こってもいない未来のことで、決めつけられるはずない！」って怒る人や不安になる人もいるかもしれないけど、ぼくからすると、価値の物差しが変わるんだから当然だって思う。

愛に基づいた世のなかに変わっていくんだから、それに沿って価値観も変わっていくのは当たり前なんだ。

こうして、愛がある仕事、愛が必要な仕事は、確実に増えていく。

一方で、愛よりも効率を重視する仕事は、どんどんAI化されていき、最終的には、愛だけが残るようになっていくのが、宇宙の流れなんだよ。

1万人以上の人に影響を及ぼすことには、神様が降りているよ！

ときどき、世のなかで、ものすごく大きな話題になる商品ってあるだろう？　映画だったり本だったり歌だったり、今ならユーチューブやSNSでの発信なんかもそう。

1万人以上の人に影響を及ぼすものは、宇宙からのメッセージを伝えるために、神様が降りてきているんだ。

人に新しい価値を与える商品は、間違いなくつくり手と宇宙のコラボレーションでできているってこと。もちろん、つくり手に宇宙からのインスピレーションを受け取る準備ができていればの話だけどね。

今は、ネットがあるから誰でも発信できる時代。

つまり、誰もが個性を発揮して、神様とコラボした影響力を発揮できるってことなんだ。

ネットは、そうやってたくさんの人に可能性を与えてくれる宝箱のようなものだけど、当然、それを悪用する人も必ずいる。

便利なものは、その反面で必ず悪い影響も起こるからね。でも、それを乗り越えてエゴが淘汰《とうた》され、どんどん価値の転換が行われて、数万人規模のビジネスになったとき、それは「古いＯＳ人間」には考えられないような新しい文化を生み出すんだよ。

人って、リスクを回避する生き物だから、なかなか新しいことに手を出せないよね。失敗したらどうしよう、食べていけなくなったらどうしよう……こんなふうに不安を抱えて、なかなかアイデアを育てて大きくしていくことができない。

でも、新しいアイデアにこそ、新時代へと導く種が入っているんだよ。

だから、恐れることなく、限界を突破する勇気を持ってほしいんだ。

それは、言ってみれば、さなぎが蝶になるようなもの。

きみたちは、さなぎのまま一生を終えるために、生まれてきたわけじゃないんだよ。

なのに、なかなか蝶になれないのは、蝶になったら次はどこに住んで、どんな生活をすればいいのか、わからないから。

さなぎの生活しか知らないし、蝶の自由を知らない。だから、怯《おび》えてしまうんだ。

さなぎから蝶へと限界を突破するためには、仲間を集めることが大切だよ。

限界や不安、立ちはだかる壁っていうのは、一人で乗り越えるものじゃない。志

を共にする仲間たちと一緒に、突破していくんだ。


さなぎって、一人で殻にこもっているだろう？

でも蝶は違う。

仲間と一緒に青空の下を飛ぶことができる。

今まで経験したことのない新しい世界に足を踏み入れるのは、勇気が必要かもしれない。

でも、同じ思いを共有できる仲間と集い、飛び立つことができたら、想像以上に楽しいはずだよ！　そしてその喜びが、世のなかに新しい価値をもたらし、社会を大きく変えることになるんだ。

4

【日本編】

宇宙に大人気！
ワンネスの国

日本人は遊び心と鋭い感性を持っているから、マンガ大国になったんだ！

ぼくはマンガが大好き！

だから、アニメの国、日本が大好き！

なかでも『ドラえもん』は最高～!!

『ドラえもん』こそ、まさに世のなかに新しい価値をもたらしたマンガだ！

『ドラえもん』こそ、まさに藤子・F・不二雄と神様とのコラボだ！

ドラえもんは、のび太に甘えられるといつも「しょうがないな～」って、いろいろな道具を出して助けてあげるじゃないか。これって愛だよね～。

でも、結局、のび太はエゴに負けて、不適切な使い方をしちゃうだろう？　そして最後にしっぺ返しを受ける。これも愛だよね～。

『ドラえもん』は、愛ってものを、夢や希望と一緒に、すごくわかりやすく伝えているマンガなんだ。


日本のマンガは、もちろん『ドラえもん』だけじゃない。世界的に見てもクオリティの高いマンガがたくさんあるし、海外でも日本のマンガは絶賛されているよね。

なんで日本のマンガがこんなに世界から注目されているのかって言うと、ちゃんと理由がある。

普通、文明と文字は一緒に発達していくものなんだけど、日本の場合、長い間、一般庶民が日常的に文字を使うことはなかったんだ。

正確に言うと、使う必要がなかったとも言える。だって、ワンネスの感覚が発達していたからね。

そして日本人にとっては、言葉よりも絵のほうがずっと感覚的に理解しやすかったんだ。**文字で伝えなくても、感覚でちゃんと伝え合う、つながり合うことができたわけ。**すごく鋭い感覚を持っていたんだね〜。

ちなみに、文字と言えば日本古来の神代文字っていうのがあるけど、これは神様と人間の間におけるツール。それ以降は、中国から伝わった漢字や、平安時代に生まれたひらがなが一般的だよね。

でも、日本人は「文字」だけではなく「絵」で伝える感性も持っていたから、思考を使う文字よりも、感覚的にとらえる絵のほうがずっと親近感があるんだ。

江戸時代の看板なんて、ぼくには何の店の看板なのかわからないくらい、面白い絵柄のものがたくさんあるんだよ。

たとえば白粉《おしろい》屋さんの看板は「白い」という共通点から、鳥のサギの絵が描いてあるだけだったりね。まるで町中がなぞなぞだらけだ！

日本人って、こういう童心や遊び心を持ち、視覚的、感覚的にすごく鋭いから、マンガ大国になるのもうなずけるってわけ。

今ではインスタグラムがあるけど、そういう意味では、とても日本人に合っているツールだよね。

世界に大きな影響を与えるような神様とコラボしたマンガは、これからもっと生み出されていくと思うよ。

実物を見なくても、真実を見抜く力を持っている

大陸の文化の影響をそれほど受けていない縄文時代以前の日本人は、テレパシーで十分にコミュニケーションができていたんだ。

でも、大陸系になじんでいる魂が、輪廻転生して日本に生まれるようになってくると、少しエゴってものが出てくるようになってきた。

エゴが強烈に出るのは恋愛だけど、平安時代の恋愛は、まさにエゴとテレパシーが融合していたとも言えるんだ。

じつは、奈良・平安時代って、日本人は半物質化状態だったと言えるほど、感性が研ぎ澄まされていた時代なんだ。日本人のＤＮＡが、見事に開花した時代！

そんな平安時代の恋愛は、シンプルに言えば、男性は顔も見たことがない女性にラブレターを書き、女性がＯＫだったら、夜這《ば》いをして一晩過ごすってスタイル。『源氏物語』を読んだことがある人ならわかるよね。

顔も見たことないのに、エッチしちゃうなんて、不潔！　な〜んて思うかい？

現代の出会い系サイトと同じだよ。メールを交換し合って、意気投合したら、会ってエッチしちゃう。昔はメールなんてなかったから、手紙だったってわけさ。

ただし、現代の出会い系サイトと、平安時代の恋愛が大きく違う点は、「会わなくても、相手がわかっていた」という点。

昔の日本人は五感が鋭かったから、会わなくても、相手からの手紙を見ただけで、その人がどういう性格で、どういう人柄なのか、ちゃんと読み取ることができたんだ。

たとえば、文字や文章、筆致、手紙全体の印象なんかで、相手がどんな人かを見抜くことができた。

実物を見なくても、手紙だけで真実を見抜く力があったから、悪い男にだまされるといったリスクはほとんどなくて、会う前からだいたいの検討がついていたと言えるよ。

「悪い男が好き」って趣味の女性は別として、一方的にだまされるってことは少なかったということだね。

今、出会い系のサイトで知り合う人たちには、そんな鋭敏な感覚があるのかな⁉ そんな感覚を使わずに、出会い系サイトで知り合ってるんじゃないかな⁉

だから、「こんな人だとは思わなかった」なんて、だまされるんだよ〜。

昔ほどではないにせよ、真実を見抜くＤＮＡは、間違いなくみんなに内在しているはずなんだ。だって日本人なんだからね。
「未婚だって言ってたのに、結婚してたのよ！」とか「彼女がいないって言ってたくせに、二股かけていた！」なんて話をよく聞くけど、愚痴ばっかり言ってないで、自分のなかの感覚を磨こうよ〜。

最初に言っただろう？　日本人はそもそもがスピリチュアル・エリートなんだから。

もし、平安時代と同じくらいに研ぎ澄まされた五感で、今を生きることができたら、まさしく宇宙のエリートになれそうだね！

日本はそもそも「子どもの国」。ワンネスを実践する「アース型」の子育て

ぼくは今、ようこを家主にしているけど、その昔、アメリカ人を家主にしようとしたときもあった。そのときに感じたことは、アメリカってすごく自由に見えるけど、家庭では、親子関係がすっごく厳しい！　子どもにとって、親は絶対的な存在だった。

これは「個」が確立しているからで、個の自由を尊重している反面、家庭でのルールが厳しかったんだ。だから、欲しいものを買ってあげる代わりに、お父さんの言うことを聞きなさい、お母さんの言うことに従いなさいっていう条件が前提で、ギブ&テイクという、個のやり取りが基本だった。

でも、日本の家庭は違うよね。

昔の親父って、厳格ですごーく怖いイメージがあるけど、子どもを個として扱うというより、自分の一部、自分に属している存在という感じに近い。だから、家庭の外では厳しくても、家庭内ではちょっと甘いな～って感じがするくらいだよ。

今、子どもの虐待だとか自殺だとか、日本の子育てはあまりいい方向には進んでいないように見えるかもしれない。だけど、そもそも日本は素晴らしい子育ての感覚を潜在的に持っているんだ。

たとえば江戸時代の日本は、ほとんど「子ども大国」だったって知っているかい？　勝手によその家に入って走り回ったり、道路に寝転がっていたって全然へっちゃら。朝から晩まで近所のいろんな年齢の子どもたちが集まって、いろんな遊びを考え出して飛び回っていたんだ。

あるとき、そんな様子を見た外国人は、ビックリ！　泣いている子どもが少なく、どこに行っても子どもの笑い声が聞こえてくるから、またまたビックリだ。そんな衝撃を書いた外国人の書物が残っているほどなんだよ。

日本のこの光景は、ワンネスを実践しているってこと。

たとえば、何か問題があったとき、欧米の場合は、血のつながりのあるファミリーのなかで解決しようとするけど、日本の場合は、血のつながりを超えた、大家族で解決しようとする国民性がある。

大家族っていうのは、家族や親戚はもちろんのこと、ご近所とか先生とか八百屋さんとか、たまたま通りすがった人とか……。

つまり、子どもを取り巻く全部の人！

日本には、どの家の子どもも分け隔《へだ》てなく、かわいがって見守る文化があるんだ。

海外の子育てを「ファミリー型」と名づけるなら、日本の子育ては「アース型」。

地球全体で、子どもを育てている意識なんだね。

これは、日本の国土が狭かったことも理由として挙げられるかもしれないけど、もともと日本人って、人と人との距離が近い。要は、人と人の間の壁が低いから、みんな一緒になって、仲良く平和に暮らそうって感覚を共有できるんだ。

日本は、まさに「子どもの国」。子どもの文化が、日本の文化って言ってもいいくらいだ。

子どもの遊びや子ども同士の関わり合いを、大人が見守りながら、大人も精神的に成長していく、そんな国だと思っている。

それは、子どもの自主性を尊重できる、ワンネスの精神の賜物《たまもの》だよ。

日本人の好奇心が低いのは、結果がわかっていることに手を出さないから

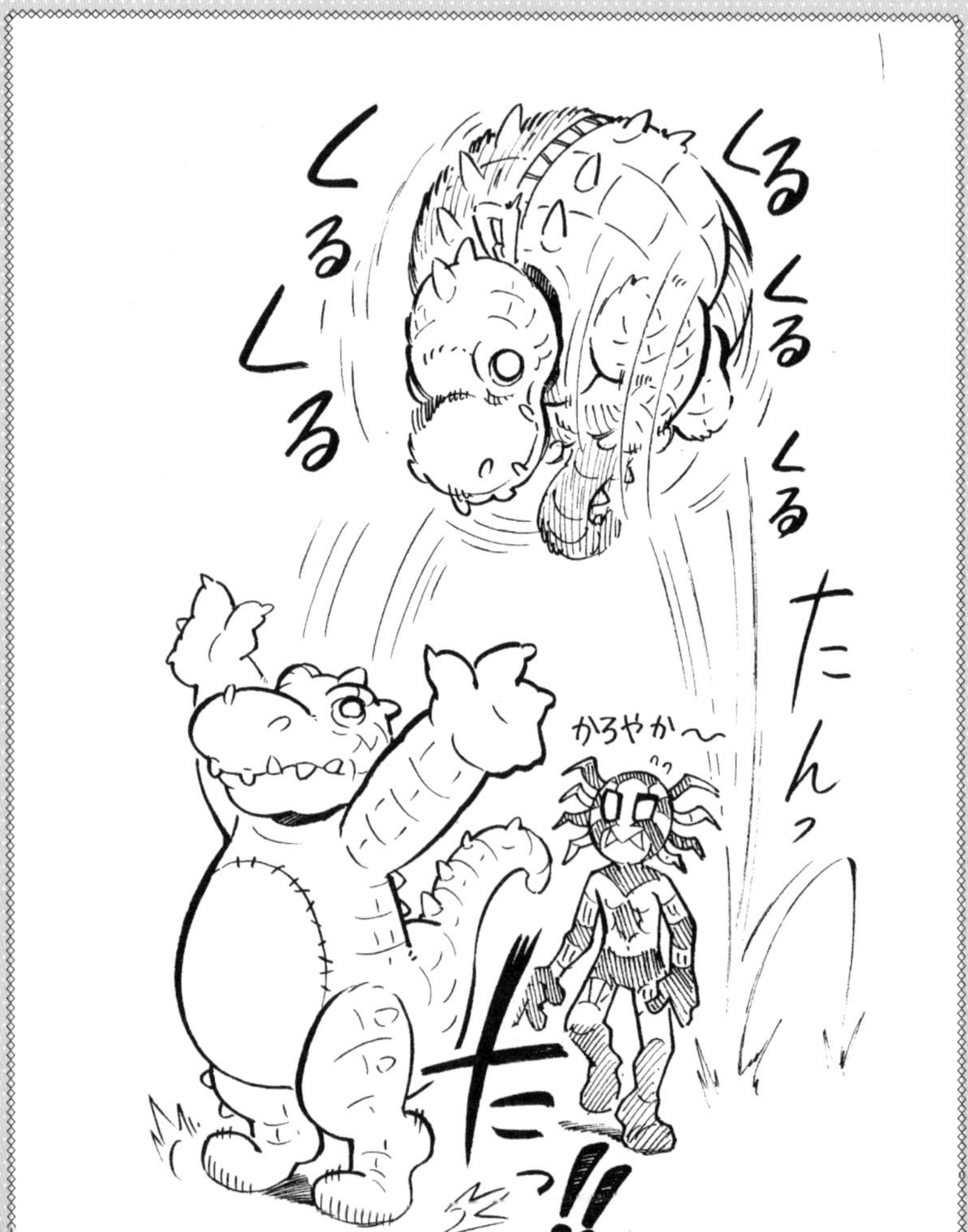

日本人って、欧米人に比べると、チャレンジ精神が低く、臆病で控えめってイメージがある。実際、先進国60カ国のなかで、日本人の好奇心のレベルは、下から数えたほうが早いし、起業家も世界に比べて圧倒的に少ない。

解析能力とか読解能力は高いのに、好奇心が低い。

この結果を見るかぎり、日本人は、やる気がないって見えるだろうし、なんだかすごく「できない子」にも見える……。

なんて、そんなわけないよ！　ワンネスを無意識にわかっている日本人は、予知能力や直感力が高いから、「失敗する」とわかっているものには、最初から手を出さないんだ。すでに結果がわかっているから、あえて行動を起こさないわけ。

一方、いわゆるチャレンジ精神が旺盛な欧米諸国は、「やってみなきゃわからない」って考えが基本的にある。だから、「自分なら大金持ちになれる！」「絶対に、これを開発できる！」という夢や希望を大きく持って、アグレッシブに行動に移す傾向があるんだ。

人は、成功体験に基づいて、判断したり行動したりするけど、欧米の場合は「行動して成功した」という成功体験が元にあり、日本人は「やらずにいても大丈夫」という成功体験が元にあるってわけ。

だから、日本人に足りないものを挙げるなら、行動力！　高い予知能力をもって、結果、失敗に終わるだろうってことがわかっていたとしても、それでも、**「これはやってみる価値がある」と思ったものは、行動してみることが大事なんだよね。**

でも、だからと言って、日本人にけっしてチャレンジ精神がないわけじゃない。奈良の東大寺の大仏って、すごく大きいよね。あの時代にあんな大きな大仏をつくろうと思った日本人って、チャレンジ精神の塊じゃないか！

当時の日本人は、今で言うCGのように「出来上がり」をちゃんと頭のなかに描くことができた。結果がわかっていたから、不安に思うことなくチャレンジできたとも言えるんだ。

ぼくは、ピラミッドを見たときもビックリしたけど、奈良の大仏を見たときも、「意味わかんない～！」って叫んじゃうほど驚いたんだから！

あとね、ぼくはドラえもんの次に、ゴジラも大好きなんだけど、昔の『ゴジラ』の映画っ

て、重い着ぐるみを着ながら、バリバリのアクションをしているんだよ～！　そんな映画、観たことある⁉

ジャッキー・チェンや、スーパーマンやスパイダーマンの衣裳が身軽なのは、アクションするためだ。ゴジラだってアクションするのに、なんであんなに重い着ぐるみ着てるの～⁉

そんな無茶な映画は、世界にないと思わない？

きっとゴジラは「アクションが大事」なのではなくて、「面白いのが大事」だったんだね。

日本人は、わかりきっていることをしたくないだけ。

でも、面白い！　と思ったアイデアにはチャレンジするんだよ。まるで子どもみたいだ。

やっぱり日本は、無邪気な子ども大国なんだね。

欠点に上手に向き合って、面白がって完璧を目指す！

大失敗しちゃったぁあああ〜〜…
どんな失敗したら頭がくるくるになって肩に矢がささるの!?
ズタボロじゃん…

日本人って、ネガティブだとか、マイナス思考だって言われているけど、言い方を変えると、欠点をよく見ているということ。

よく「欠点より、長所を伸ばそう」って言うけど、でも欠点を見つめる目を持っているのは、けっして悪いことじゃない。だって、それはより完璧に近づこうということなんだから。「人間、完璧にならなくてもいい」とも言うけど、それは、そもそも今の自分すら認めていない人が完璧になろうとすると、ストレスになるだけだよって話。

たとえば、オリンピックに出るような日本人選手は、欠点と向き合いながら、それを埋めるために100％完璧な状態をイメージして練習をしている。だから、体格的には不利なアジア人でも、トップレベルになれるんだ。

そして、地味に見えるかもしれないけど、面白がれる国民なんだよ、日本人は。

夢や希望、目標を達成するためにいろんな工夫をして面白がれるから、世界がビックリするような成績や実績、結果を残せるんだ。

そのいい例が、たとえばソフトバンクの孫くん（孫正義）とか、ユニクロのやなちゃん（柳井正）だ。

前例がないことを面白がりながらチャレンジして、欠点を克服して、経済界のトップになったよね。

できないものに向き合うのは、そりゃあつらいときだってあるはずだ。最初はイヤな気持ちになるけど、じっと欠点を見つめていると……。

こうすればいいのか！　って、ひらめきが起きるわけ。

ほら、きみたちは研ぎ澄まされたテレパシーや直感を持っているんだからね。

こうして、日本人ならではの開発や発明、経済発展のためのアイデアが、たくさん現実になっていったよね。

そもそも、失敗しちゃいけない、失敗はダメなんて思っているのは、もう古いんだよ。

そんな考えは、平均寿命が50歳くらいのときのＤＮＡに刻み込まれている情報だ。

というのも、人生50年の時代だったら、いちいち欠点と向き合っていたら、先に死んじゃうじゃないか。だから、失敗のないこと、成功することを最優先していたんだ。

でも、科学はどんどん進化して、不可能だったことが、どんどん可能になっている。10歳まで生きられることも珍しくない時代がやってきた。

そして、きみたちには欠点と向き合う力が備わっている……ってことは、どんどん欠点と向き合って、さっさと人生を展開させていったほうがいいってこと！

欠点を嘆いていたり、失敗を怖がっていたり、昔の悪いイメージに引きずられて、自分を閉じ込めておくなんてもったいないよ。

日本人は落ちるところまで落ちて
浮き上がってくる珍しい人種だよ

ぼくが日本人が大好きな理由のひとつは、落ち込んだらとことん落ち込むけど、そのあと、プカ〜ンって浮き上がってくるところなんだ。

たとえば、リストラにあって自暴自棄になり、家族からも見放され、もう死んだほうがマシだと思った人がいたとしよう。

これ以上の底はないというほどのどん底まで落ち、「ここまで落ちたなら、一度死んだと思ってがんばってみよう」と思った結果、プカ〜ンと浮かんでくる人っているよね。

こういう人は、失敗した経験を糧《かて》にできた人。

どん底を経験した人は、二度と同じような失敗は繰り返さないという生き方や、感謝を学ぶことができる。

こういう考え方、生き方を受け入れられる人は、日本がダントツに多い！

欧米の場合だと、落ち込んだとしても、「ステーキ食べたら、なんか元気になった！」とか「彼に励まされたら気分が持ち直した」というふうに、気持ちの切り替えが上手なんだ。

だから、落ち込んでも、どん底まで行かずに、すぐに浮き上がってくる。

これは、ポジティブに考えようっていう欧米的な思考そのもので、つねに前進しようとするいい面があるけど、でも学びが少ないとも言える。だから、同じ失敗を何回も繰り返すっていう一面もあるんだ。

それに比べて、日本人は深～く深～く潜れる人種。とことん、どん底を味わっちゃう。

そんな日本人を見て、「気持ちを上手に切り替えよう」とか「楽観的にプラス思考で生きなきゃ」なんて言う人もいるけど、それはある意味、余計なお世話。

深く潜った人間は、深く人間を知ることができるんだから。

悲しみや憎しみ、怒りや嫉妬なんかを、深く潜ってとことん味わった人は、パッとそれを手放すことができるんだ。

そして、その味わいを経験として、深い喜びや感謝を持つことができる。

でも、ちょっと注意したいのは、どん底にいることが、案外、居心地よくなってしまう人もいるんだ。どんだけ、悩み好き!?　ってことなんだけど、実際、どん底に行くほどの感情を味わうって、すごく刺激的！　ものすごく大きな怒りや不安や憎しみを持って悩んでいる状態は、なかなかできない体験だから、じつは魂が超ワクワクしているんだ。顕在意識では全然、そうは思えないと思うけどね。

だから、ついつい、そこにとどまってしまいたくなるわけ。

もし、きみの周りに、そんなふうにいつまでも深く潜っている人がいたら、こう話しかけてみて。

「お～い、ぼくはきみのことを待っているよ。いつまで待っていればいい？」

すると、ハッと気づいて、プカ～ンと浮かんでこられる人もいるから。

大切な寿命を潜ることだけに使ってしまわないように、浮き上がってくるのを待っている人がいることを伝えてあげてね。

「令和」と共に、
新しい時代、新しい価値観のスタートだ！

この本が出版される頃には、日本は、一大事を迎えているはずだよね。

そう、新しい元号「令和」のスタートだ！

令和という文字は『万葉集』から取ったとされているけど、『万葉集』って今で言うツイッターのようなものだったんだ。ツイッターは、いろんな人が決まった文字数のなかでツイートするように、『万葉集』も天皇から女性を含めた庶民までが、和歌に気持ちを託したんだよ。


元号が変わるっていうことは、単純に言葉の変化だけではなくて、価値観の変化でもあるんだ。日本の皇室はつねにシャーマニックな儀式を皇居内でおこなっているから、宇宙のリズムにかなり寄り添っている。


年号が変わるタイミングは、地球の進化とも一致しているんだよ。

年号が変わることで訪れる地球の変化って何だと思う？

これは、ひと言で言うと、いろんな感情を乗り越えて、人間が穏やかになっていくってこと。

たとえば、誰かとケンカになったとき、江戸時代だったら斬り合いになっていたけど、昭和になると殴り合いになって、平成になると「このやろう」と口ゲンカで終わる。そして、これからの新しい時代は、「あの人ちょっと苦手なタイプ」って思うだけで終わる感じかな。

平成生まれの人たちが、おじいちゃんやおばあちゃんになって「このやろう！」なんて怒鳴ったら、孫たちに「しょうがないね。おじいちゃんも、おばあちゃんも、平成生まれだから」なんて言われるようになるかもしれないよ。

今までと違うのは、スタートダッシュで変化が訪れるということ。

と言うのも、これまでは天皇の崩御によって元号の改正が行われていたから、国民の深い悲しみの感情が、変化を穏やかなものにしていたんだ。だけど、今回は天皇が存命のまま元号の改正が行われるから、国民のワクワク感が大きいんだ。気持ちが前向きなので変化も早く、お金や物、情報や科学など、さまざまな価値観がどんどん更新されていくよ。

新しい時代の価値観で生きることができるようになると、古い価値観を引きずっている人たちとは、離れていく未来が出来上がっていく。

仲良くしていた人と離れることもあるかもしれない。長く勤めていた会社を辞めることになるかもしれない。うまくいっていたことが、立ち行かなくなることもあるかもしれない。

それは寂しくつらいって思うかもしれないけど、新しい時代を生きる波動を持っている人と、古い価値観を持っている人の波動は一緒にいられないから、仕方ないことなんだ。

また、古い価値観で生きている人が、新しい時代を生きようとする人たちに対して、やっかみを言うこともあるだろう。

でもそれは、言いようもない寂しさを感じているからだよ。過去のどんな時代の変わり目を見ても、いつだってあることさ。

そういう彼らの攻撃や批判に対して、同じように怒ったり批判したりするのではなく、いたわりの気持ちを持つことが大切。だってこれまでの時代をつくってきてくれた功労者でもあるわけなんだからね。

そして、同じ価値観を持つ者同士のつながりも濃くなっていくはずだよ。

だから、怖がらずに、勇気を持って飛び込んでいけばいいんだよ。

ワンネスが、
世界のスタンダードになる

日本は世界で唯一、原爆が落とされた歴史がある。これはとても悲しいことだけど、でも日本という国は、その苦しみや悲しみを乗り越え、世界でも類がないほどの復興を実現することができたよね。

ぼくは、そこに至るまでの日本人の精神が、「平和な世のなかにしよう」という強烈なメッセージを世界に与えたと思っているんだ。

まだ世界のあちこちで戦争は起こっているけど、日本人が世界に訴える平和の祈りは、確実に地球を平和に導いていると思っている。

この歴史は、おそらく未来永劫《えいごう》、宇宙の歴史として刻まれるはず。

時間にとらわれていないぼくは、地球ができたときから今まで、いろいろな時代をタイムスリップして地球を観察してきた。

そのなかでも、いちばん衝撃的なのは、だんぜん、日本の昭和なんだ。

戦争で焼け野原になったのに、そこから世界一の経済力を持つまでに復興させたバイタリティーは、ほかの時代では経験できないほどのパワーだ！

世界一、アグレッシブな精神力を、この時代は発揮していたんだよ。

オリンピックや万博で世界をビックリさせたり、バブル期にはブイブイ言わせていたかと思うと、次々と企業が倒産したり、一方で芸能やスポーツでは大人から子どもまでが一緒に盛り上がった時代でもあったよね。

昭和という時代は、人間の底力や、みんなが共に喜びや悲しみを味わい、さまざまな感情を受け入れ、乗り越えていくという、世界でも稀《まれ》に見るほど魂が輝いていた時代だったんだ。

国民が一丸となって目覚ましい復興を目指すことができたのは、まさにワンネスに向かっている日本人の魂によるものだよ。

必ず立ち直って素晴らしい世のなかになるという未来をキャッチしていたからできたことなんだ。

さらには、それを実現できる知力と底力、そして、宇宙からのエネルギーをもらっていたからなんだよ。

復興を目指す強い思いの質量分、宇宙からもエネルギーが降り注ぎ、驚異的な回復力を見せたんだ。

人の欲が深く、エゴが優先されていたこれまでの時代は、競争意識の高い大国が発展してきたけれど、ワンネスが主流となって広がるこれからの時代は、競争意識が低い島国の人たちの生き方にスポットが当てられるようになると思うよ。

すでにその兆しはあるけど、日本人のような生き方が、世界中で受け入れられる時代は近いと思うんだ。

日本人って、それほど潜在的に、ものすごい可能性を秘めている。

それなのに、戦後は、それまでの日本の教育や思想は否定されて、真実でないことを教えられてきたし、欧米化するにしたがって、日本人の魂が見えにくくなってしまったよね。

でも、今の世のなかはインターネットというツールがあるじゃないか。

そして、より感性が鋭敏な子どもたちが生まれ、どんどん虚実を見極め、国同士がおかしな小競《ぜ》り合いをしていることにも気づいていく世のなかになるだろう。

真実を見れば、世界は争う必要なんてない。

それを日本人は知っているはずなんだ。そして、そんな日本人の意識が、世界のスタンダードになる時代が、すぐそこまできているよ。

おわりに

シャーの「宇宙アドバイス」はどうでしたか？　ちょっとぶっ飛んでいるけれど、妙に納得してしまったという人も多いのでは？　それは、頭では納得できなくても、魂が知っている証拠かもしれませんね。

じつは、この本を書いたあと、私は再び貧乏になってしまいました（笑）。

これまでやりたいことにはなんでも手を出して、あっちこっちで仕事をしていたのですが、新しい時代に向けて必要なものだけを厳選したいと思い、気乗りのしない仕事から手を引いたら、危うく収入ゼロになりかけてしまったのです！

シャーに泣きつきたかったけど、こんなときに限ってシャーはどこかへ行っていて、現れてはくれず。

「やってみる価値があると思ったら、行動することが大事」ってシャーは言っていたけど、結局、イヤなことも我慢してやらなきゃ、生きていけないじゃん……って悲嘆にくれていたんです。

でも、そんなときにふと、「これからは愛に基づいた世の中に変わっていくよ。最終的には、愛だけが残るようになるのが、宇宙の流れなんだ」っていうシャーの言葉を思い出しました。
だったら、**「愛に基づいた仕事をしていれば、必ずうまくいくはずだ！」**って思ったんです。

お金のために働いていると思うと、むなしくなるけれど、宇宙の一員として仕事をしていると思えば、愛を届けたら届けた分、返ってくるのが当然。だからお金も巡るんだ！ってね。

そうしたら、本当に新しい仕事が入ってきて、収入も倍増！

宇宙ってすごい！　愛ってすごい！　って改めて感動しました。

この本を読んでくれたあなたも、目の前の仕事は、宇宙での仕事だと思ってみてください。

私たちは、宇宙本社の地球支店で働くスタッフ。仕事も生活も含めて、「これに愛はあるのか？」を基準に生きれば、愛の循環が起こります。

愛が循環していると、どんどん楽しくなっていきます。でも、地球の価値観にとらわれると、愛の循環がストップしてしまうので、愛が見えなくなってしまうのです。

たとえば、早起きして子どものお弁当づくりをする場合、愛が循環していないと「眠くてつらい」と感じますが、愛が循環していると「栄養面でサポートできて幸せ。もっとおいしいお弁当つくちゃおう♡」ってなるわけです。

愛の循環のなかで生きていれば、たいがいのことはうまくいくようになるんです！

だからね、そのためにもこの本を何度も読んでみてください。

宇宙、地球、人間……どれをとっても、すべてが愛でできているってことが、わかるようになりますよ。

最近、シャーのように地球にきている宇宙人は多いんだよ、ってシャーは言います。シャーいわく「体を持つのはイヤだけど、地球って星をのぞいてみたい宇宙人はいっぱいいる」のだそうです。

近い将来、マイポケモンのように、一人につき一体の宇宙存在が、バックアップしてくれるときがくるかもしれません。それくらい、私たち地球人は、宇宙で大人気の存在なんですね。そう思うと、なんだかワクワクしてきませんか？

さぁ、楽しく愉快に、一緒に新時代を歩いていきましょう。

２０１９年4月吉日

ようこ＠魔王（雪下魁里）

ようこ@魔王（雪下魁里《かいり》）

未来予報士。SATORI 電話占い By Ameba 所属。短期大学英文科卒業後、生まれもったサイキック能力がありながらも、某市役所で都市計画課勤務という普通の生活を送る。その後、スポーツインストラクターとなるが、頼りにしていた人物から持ちかけられたビジネスで大失敗し、一文無し＆猛烈な借金地獄に。また、世直し陰陽師で名高い、易学古書店カモ書店店主（通称カモ）にこの世の裏表すべてを見通す方法を伝授され、最後の弟子となる。

その後、身ひとつで海外の有名ヒーラーやシャーマン民族たちと友好を深め、独自の開運メソッドを生み出し、「魔王級の未来予報士」として有名に。それがペンネームの由来でもある。

2012 年、カナダから帰国の際「I am Sha-bing ！」と名乗る宇宙存在が降りてきて、シャービングを降ろすチャネラーとしても名が知られるようになる。シャーからは、宇宙やパラレルワールドの構造を面白おかしく教えてもらい、今ではそれを多くの人に伝えるようになる。シャーとは「家主」と「借主」の関係。本書はシャーからのアドバイスもあって、初の著書として実現した。

シャーとのトークをラインライブで生配信中。

Bookデザイン／穴田淳子
（a mole design Room）
イラスト／無ぅ眠
編集協力／RIKA（チア・アップ）
DTP／株式会社三協美術
編集担当／真野はるみ（廣済堂出版）

宇宙で大人気！のきみへ
宇宙人シャーが教えてくれた
悩みや不安を解決する未来型「宇宙アドバイス」

2019年6月4日　第1版第1刷

著　者　ようこ@魔王（雪下魁里）
発行者　後藤高志
発行所　株式会社 廣済堂出版
〒101-0052　東京都千代田区
神田小川町2-3-13　M&Cビル7F
電話 03-6703-0964（編集）
03-6703-0962（販売）
Fax 03-6703-0963（販売）
振替　00180-0-164137
URL　http://www.kosaido-pub.co.jp

印刷・製本　株式会社廣済堂
ISBN　978-4-331-52230-1　C0095